Graceful Unions

Western Wedding Culture in Taiwan

提倡輕鬆自在的新興婚禮型態，
將西式婚禮推廣到台灣的每一個角落，
是初衷、是過程，
也是最終要實現的夢想。

前言

在我創辦台灣第一個西式婚禮團隊的那年，台灣人對於「西式婚禮」的概念還很陌生，腦海中所能想像到的畫面，大多來自好萊塢電影裡零星的劇情片段，像是《暮光之城》、《27件禮服的秘密》等。沒想到短短幾年內，許多台灣知名的藝人，包含周杰倫&昆凌、吳奇隆&劉詩詩、林心如&霍建華等都在海外舉辦了盛大的西式婚禮，其中絕美又感人的證婚橋段讓台灣掀起了一股西式婚禮的浪潮，而我很幸運、也很榮幸地成為這股熱潮的領頭羊，陪伴著新人舉辦了一場又一場夢想中的婚禮。

因為東西方文化存在著許多差異，要在台灣舉辦西式婚禮一定會面臨到許多考驗。西式婚禮就等於戶外婚禮嗎？ 西式婚禮的特色佈置與流程有哪些？ 如何讓偏好傳統禮俗的長輩同意舉辦西式婚禮？ 翻開這本書，就有你想要的最佳解答！

如果距離婚禮的時間所剩無幾，相信我，你絕對更需要這本書！ 除了佐以豐富圖文的各項婚禮服務介紹之外，許多章節的最後都會附上實用的問答Q&A和專家建議，揭露一些行內不可明說的秘密訣竅，幫助你擺脫琳瑯滿目的報價單而能快速地找到命定的廠商服務，每一分錢都花得值得而不浪費。

那麼，請準備好，讓我們一起來打造屬於你夢想中的西式婚禮。

Contents
目次

1

籌備的第一站

西式婚禮到底是什麼？

戶外還是室內？優缺點一次說給你聽

有系統地整理初步需求

說起西式婚禮，我相信很多台灣人的第一個想法會是：「西式婚禮就等於戶外婚禮嗎？」比起迷思或刻板印象，我更偏好把這個想法形容是一個美麗的錯誤，一個因為腦海中美麗浪漫的畫面而產生的誤解。雖然很多西式婚禮確實是在戶外舉行，但是在室內舉辦的其實也不少！ 西式婚禮的定義在於其活動流程的特殊性與自由度，在整體視覺設計上也會因應活動流程而延伸出許多獨有的佈置項目，像是證婚拱門、結婚蛋糕等。

在第一個章節，我會先簡單介紹西式婚禮的兩大核心活動：證婚儀式與宴客餐敘。再依照五大面向：形式、地點、時間、賓客人數與預算，來引導你如何開始籌備一場西式婚禮。具備了基礎概念之後，接下來我們針對各項婚禮服務規劃出獨立的篇章，每章裡面都會逐一為你做更詳盡的說明。

如果正在從零開始籌備婚禮的新人，建議你可以依著順序逐章閱讀，可以獲得最完整、最有系統的西式婚禮籌備知識；如果在接觸這本書時已經下訂了某些婚禮廠商，請你不要擔心，可以直接跳到目前最需要了解的婚禮服務篇章開始閱讀，以快速地找到你想要的資訊。最後一個章節則可以幫助每對新人在倒數的日子裡緩解緊張，做好萬全的準備並迎接人生中最重要的一天。

那我們就正式開始吧！

證婚儀式

西式婚禮中的證婚儀式是屬於兩個人的親密時刻，主角當然就是你和你的另一半。

其中證婚儀式的活動重點是在至親好友面前展現愛與承諾。搭配的核心流程有：進場（可搭配與家人的交手橋段）、交換誓詞、交換戒指、親吻新娘等。在美麗的鮮花拱門底下說出我願意，還有比這個更浪漫的時刻嗎？

以台灣的狀況來說，證婚儀式不一定要帶有宗教色彩。若新人因信仰而舉行基督教派的證婚儀式，在場地、流程規劃與主持人的選擇上會有其特殊性，這個部分在第四章「婚禮流程」（P.116）會特別詳細說明。

宴客餐敘

西式婚禮中的宴客餐敘就像是主辦一場盛大的派對活動，招待遠道而來的親友，賓主盡歡是最主要的目的。當然，一個好的派對也絕對不能少了美食和酒！

宴客餐敘在流程規劃上較為彈性，大多會安排的流程有：迎賓酒會、進場、開席用餐、禮成送客等，每個橋段裡還可以穿插來自親朋好友的祝福致詞。

切蛋糕、跳舞是西式婚禮的特色活動，而放映新人自製的影片則是台灣婚禮常見的橋段，只要場地條件與時間許可，歡迎自由地在你的婚禮中結合東西方不同的文化與習俗！

形式

證婚儀式戶外篇

任何戶外形式的婚禮都要看天吃飯，下雨與否跟風勢都會考驗著你和你的婚禮團隊。搭帳篷可能是你第一個想到的解決方案，但相關的價格可能會高到你想打退堂鼓；第二個選擇則是在同一個場地內尋找是否有可以接受當天臨時啟用的雨天備案，這樣的備案可能是有屋簷的半戶外空間或是可以快速淨空的多功能室內空間；最後一個小建議，準備同色系的雨傘也許會成為你的小天使！ 就如同COVID-19疫情期間，婚禮常發放同色系的口罩給賓客配戴，不讓疫情「意外」破壞了興致，而是讓婚禮畫面「意外」地多了一個特色。

我的建議是，做好萬全的準備，當天以開放的心去迎接上天的祝福。
LOVE IS IN THE RAIN!

證婚儀式室內篇

信仰基督教派的新人，假日固定前往的教會應該是你證婚的場地首選。但如果不喜歡現有的教會裝潢或沒有宗教信仰的新人，室內證婚的場地該從何找起呢？請讓你的婚禮團隊發揮想像力為你量身打造吧！挑高有採光的場地會讓你的婚禮照片大大加分；特色紅磚背景、整面白牆，甚至大片落地窗，都能搖身一變成漂亮的證婚場地。

我的建議是，不要選擇過於雜亂的場地，這樣當天佈置時要遮擋或移除的東西會非常多，也同時花費了不必要的時間與金錢；另外整體空間要盡量方正，安排座椅與進場動線才會更順暢。

偷偷告訴你一個小秘密，室內空間如果有外露的樑柱結構，還可以做美麗的懸吊佈置，絕對比你在PINTEREST上看到的還要浪漫！

場地：FB食尚曼谷

場地：翡麗詩莊園

宴客餐敘戶外篇

想在戶外舉辦宴客餐敘的新人，該如何開始籌備呢？首先請確認該場地是否具有現成的室內廚房與相關餐飲廠商可以協助婚禮當天的餐點。如果答案是否定的，你就必須另外尋找適合的外燴廠商。戶外的備餐烹飪區、上菜動線與取餐區基於衛生考量，建議要設有適當的遮蔽；宴客餐敘比起證婚儀式的活動總時間較長，如果一邊撐傘、一邊吃飯，也會為賓客帶來諸多不便。考量到上述兩點，帳篷不可避免地會是你要優先匡列的預算，請向你的婚禮團隊確認帳篷相關的付費方式、是否有提供取消方案等。

很多新人總會抱怨帳篷既昂貴又不美觀，其實帳篷的選擇有很多不同的種類，如果選擇狀況較新、白色或透明的帳篷並加上些許裝飾，像是布幔、串燈等元素都可以增添浪漫氛圍，反而成為整體視覺設計上加分的關鍵！

有些場地本身具有延伸雨遮（又分為可伸縮式或固定式），雖然大雨時靠近外側的座位還是會稍微淋到雨，但相對地可以省下一大筆帳棚的開銷又保留充足的用餐光線與美景，這樣獨特的半戶外空間是我在為新人規劃場地時會特別推薦的一種方式。

場地：美國渡假村

場地：克里夫莊園

通常在戶外擺設的餐桌椅都是配合婚禮當天臨時調度而非永久設施。在這樣的狀況下可能會需要額外的租借費用，但好處就是可以自由選擇款式和顏色，也可以完全按照新人的想法來安排動線與座位排列。圓桌方桌隨你挑、一桌人數由你決定；想要明星般的氣勢？ 進場走道要多寬有多寬、要多長就可以多長。

我的建議是，既然要租當然要租漂亮的！ 有質感的餐桌椅搭配漂亮的桌上花藝佈置，就像電影中的場景，絕對讓你的賓客驚呼是最美的婚禮！

場地：晶宴會館—民權館

宴客餐敘室內篇

怕熱、怕曬、怕蚊蟲或不想因為煩惱婚禮天氣狀況而睡不著覺的新人，在室內進行宴客餐敘會是你最佳的選擇。不僅不用煩惱雨天的相關備案，依據不同的婚禮季節也可以透過空調設備維持最舒適的室內溫度。需要特別注意的地方是：多數的室內場地裝潢風格是固定的，像是桌椅、牆面、天花板與地板的樣式與顏色都不能做更動，不像戶外有較多改造的空間。

我的建議是，選擇一個本身風格你就很喜歡的場地，好過於花大錢去改造成另一個樣貌。喜歡鄉村風的請找木質調的場地，喜歡華麗風格的可以選擇掛有水晶吊燈與挑高感十足的宴會廳，只要花少許佈置預算就能打造出想要的整體氛圍。

場地：光點台北（台北之家）

地點

看完了婚禮形式的介紹，接下來我們要進入地點選擇。一般來說新人會依照自己主要生活的都會區來舉辦婚宴，方便平常往來的親朋好友前來參加；有些新人則為了漂亮的景色而移動到郊區或其他縣市。說到郊區，就不得不提陽明山。地址位於台北市、離市區車程也不遠，所以吸引了很多西式婚禮場地落腳此處。不管是擁有豐富餐飲經驗的溫泉飯店、草地的莊園婚禮或是利用舊有美軍宿舍翻新的老宅婚禮，陸續開放了許多不同樣式的場地任君挑選。特別提醒你，因為陽明山同時也是旅遊勝地，例假日與賞花季時上山的入口處會實施車流管制，請特別提醒賓客要預備充足的交通時間並隨身攜帶喜帖才方便通過相關管制。

場地：**Brick Yard 33 1/3**美軍俱樂部

場地：真愛桃花源庭園餐廳

場地：桃園大溪笠復威斯汀度假酒店

場地：墾丁華泰瑞苑

因應地形特色，桃竹苗一帶有許多高爾夫球俱樂部很適合作為西式婚禮的場地；南投的日月潭、屏東的恆春半島等著名觀光區則有各式各樣的景觀飯店與民宿可供新人挑選。台灣中南部地區有著天氣晴朗少雨的優勢，採取戶外婚禮形式的新人也相對較多。

決定好地區之後，要思考的下一步則是證婚儀式與宴客餐敍是否要選擇在同一個場地？還是分開來舉辦？若是在同一個場地舉辦，賓客在兩個會場之間移動非常方便，婚禮流程的安排也會比較彈性，只是在場地風格或形式（戶外或室內）上會互相牽制，不一定都可以滿足你想要的感覺；分不同場地舉辦的話則是可以自由選擇你最喜歡的場地風格或形式。有些新人會在自己的教會舉行證婚儀式後再移動到宴客餐敍的場地，也是屬於分開舉辦的類型。若兩者在同一天的話，兩個場地之間的車程抓在30分鐘以內會較為理想。

有一個小地方要提醒你：婚禮活動上很難避免飲酒，所以有許多賓客都會選擇搭乘大眾運輸工具，這時候新人就會開始煩惱了。如果我的婚禮場地在郊區或其他縣市，會不會造成賓客的麻煩而讓大家玩得不盡興呢？這時候可以向你的婚禮團隊詢問是否可以代為連絡接駁巴士或計程車隊，負責接送賓客往返婚禮會場與最近的大眾運輸站點（飛機場、高鐵、台鐵、捷運或公車站牌等），那就沒問題了！

時間

台灣的新人可能很難避免「算日子」這個環節。如果你或你的長輩們堅持要在好日子結婚，請務必提前半年到一年左右開始籌備你的婚禮，更要有心理準備與其他新人們展開一場搶人大戰！ 從熱門的場地、視覺設計（花藝佈置）、主持人、婚紗禮服、新娘造型師到婚禮攝影師等，喜歡的趕快接洽下訂，晚一步可能就沒檔期了。

不論是證婚儀式或宴客餐敍，若選擇在戶外舉行，請針對季節特性做充足的準備。像是台灣夏天戶外蚊蟲較多，可以在迎賓處準備幾罐防蚊噴霧給賓客入場時先行使用。另外也可以針對氣候，擺放貼心的婚禮小物讓賓客帶著走，像是夏天時準備紙扇、防曬乳，冬天則改成暖暖包、圍巾，經過設計包裝，不但可以變成現場美麗的裝飾，也為你的主題婚禮大大加分。

另外光源也是影響婚禮的重要因素。很多新人喜歡戶外自然柔和的光線，但到了晚上可能就伸手不見五指了。一般來說，晚上的婚禮會準

備兩種不同的光源：主照明和輔助照明，後者多半是增添氣氛與裝飾用途居多。不管是哪一種，架設額外的光源通常會需要一筆不小的費用（包含吊掛與接電等工程），建議事先考慮是否能挪出預算。若答案是否定的，可以在證婚之後移動到室內舉行晚宴，再以燭光等較為便宜的輔助照明方式增添浪漫的氣氛即可。

有些專供證婚儀式使用的場地有固定式的拱門，也就是不能移動的大型主視覺設計（詳見P.65）。若這樣類型的拱門位於正西方，在接近傍晚時陽光會非常刺眼，拍出來的照片會發現賓客不是用手擋著臉就是瞇著眼睛，沒辦法好好享受浪漫的證婚時刻，拍攝效果也不如預期。那怎麼辦呢？這樣的場地就比較適合在早上的時間舉行證婚儀式並搭配中午的宴客餐敘。同一個場地、同一天的婚禮，只是選擇了不同的時段就會產生很大的差別，而這些都是新人不會知道的小細節，需要依靠有經驗的婚禮團隊來讓你的婚禮盡善盡美。

賓客人數

相較於宴客餐敍，證婚儀式通常會較為私密，邀請的人僅限至親好友；但有的新人會直接在喜帖上將兩個活動的時間都標明清楚，讓所有的賓客都可以自由前來參加。因為現今網路非常普及，比起紙本喜帖，可以先建立線上表單或臉書社團來讓親友們填寫參加與否，有了預估的賓客人數才能放心開始下一步的籌備工作。

以我多年的經驗，證婚抓在50人、宴客抓在100-200人是最好安排的，大部分的場地也都能符合這樣的包場需求。如果是100人以下的小型或微型婚禮，建議從老宅或餐廳開始著手詢問；如果整體人數超過200人，就建議在有搭配證婚場地的飯店或婚宴會館比較符合需求，用合菜或位上套餐的方式供餐。不建議以自助餐方式進行的理由是人數太多會造成取餐動線大排長龍、招來賓客怨言，不得不謹慎。有些知名飯店也有提供外燴服務，如果你的婚禮場地沒有供餐，也可以考慮用這樣的方式讓賓客吃到五星級的美食。詳細的場地選擇與婚禮餐飲類型，詳見後面的場地選擇章節（P.30-61）。

新人在尋找場地時最常碰到的問題是：「有看到喜歡的，但人數不符合我們目前的預估值。」少的話還有可能以菜色升級的方式去符合最低消費限制；多的話請千萬不要硬塞，不然現場過於擁擠，連走路、吃飯都很不舒適。我常開玩笑讓新人趁這個機會整理一下社群上的好友名單，因為這是我籌備婚禮期間唯一幫不上忙的事！

另外也要提醒你，最後實際參加的賓客人數比初期的預估值高出10-20%是很正常的，例如你一開始抓在100人上下，最終人數可能會落在100-120人之間。理由是親朋好友間會「口耳相傳」你要結婚的消息，原先並未打算邀請的同事、同學可能會來向你要喜帖，拒絕怕是會得罪人；另外賓客有時候會怕孤單而攜伴參加，即便是單身的親友也可能會邀請另一位朋友作陪，人數自然就會比預期的來得多。所以回到上一段說的，千萬不要在一開始就選擇容納人數少於預估值的婚禮場地，也請務必向場地廠商與你的婚禮團隊詢問賓客人數增加時的應對方式（桌椅是否足夠、預備桌會安排在何處等），以備不時之需。

預算

大多數的新人對預算這塊是最疑惑的，到底要花費多少錢才能辦一個夢想中的婚禮呢？

在決定預算之前，我都會先問一句：「婚宴上會收禮嗎？」為什麼會這樣問，是因為有個簡易的估算法：紅包錢回推餐費的預算。也就是假設預估賓客的平均紅包錢會落在$2,000元的話、我建議可以尋找餐費落在$20,000/桌（每10人一桌）或$2,000/人這個區間的場地；而其他品項的預算，包含視覺設計（花藝佈置）、主持人、音樂表演者、婚紗禮服、婚禮造型師到婚禮攝影師等，都是你必須額外支出的費用，也就是事先存下一筆「準備結婚用的錢」，或稱「結婚基金」，其實正是用在這些地方。

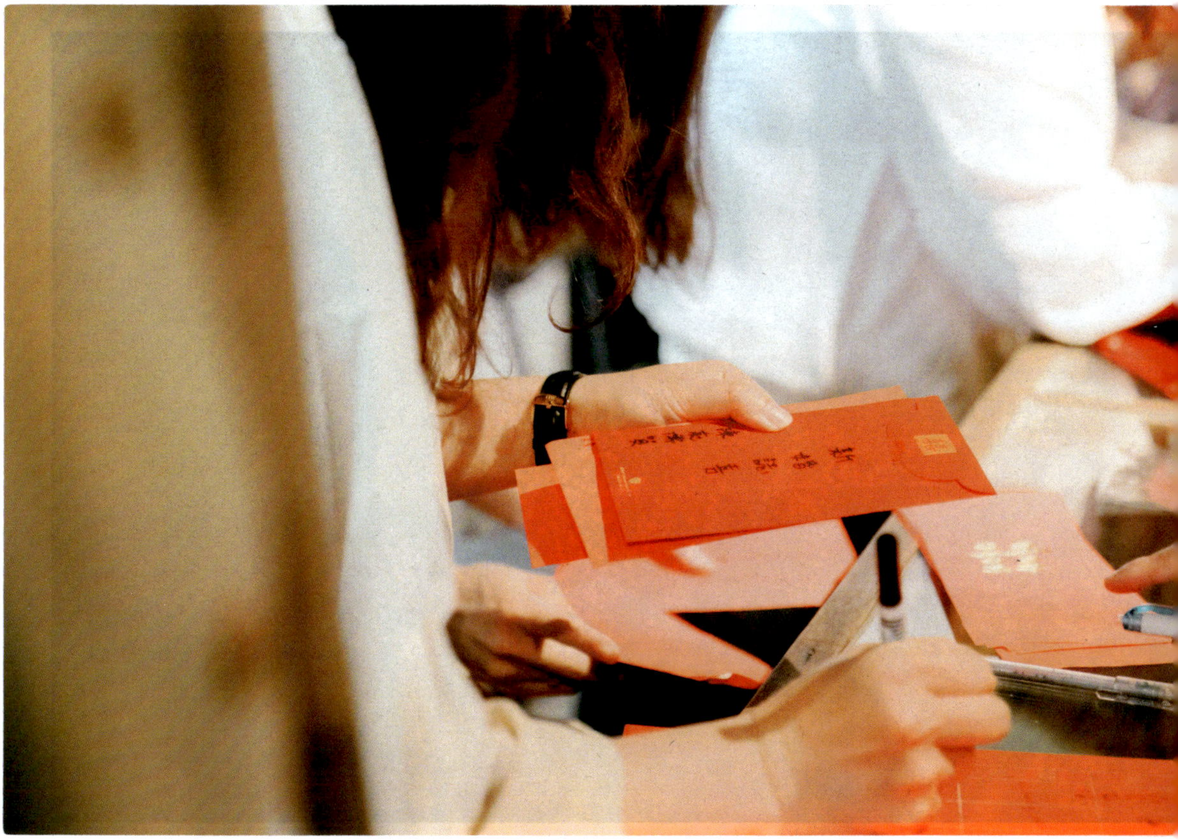

如果你和你的另一半決定不收禮金，那勢必會更需要精準地掌握所有的預算。以下提供你幾項常見婚禮服務與其所佔總預算的百分比：

- 婚禮場地租借與餐費（包含餐飲服務費）：40%
- 整體主題視覺設計（包含花藝佈置與客製化設計）：20%
- 婚禮流程與音樂（包含主持人與表演者）：8%
- 婚禮造型（包含婚紗禮服、婚禮造型師與新郎西裝）：12%
- 婚禮攝影（包含事前婚紗拍攝、婚禮當天拍照與錄影）：15%
- 其他（雜項，像是喜餅或伴手禮）：5%
- 求婚戒指／對戒與蜜月支出，必須獨立於婚禮費用之外

除了預算非常充足的例子之外，相信很少會有新人為自己的婚禮設定「無上限」的預算，這時候擬定心中優先順序就相當重要了。請在還沒去諮詢任何一家廠商時，就先白紙黑字地寫下來預算，才不會受到業務或其他外力的干擾，忠於自己的選擇。當預算超過時，先從清單順序後面的項目開始尋找替代方案，例如從攝影或新秘團隊中選擇非創辦人的團隊第二成員、刪減禮服的套數或者將花藝的預算放在最在意的地方而捨棄其他區域等。如果沒有事先擬定的預算清單，而是在預算超支時一味地想省錢而毫無章法地刪減婚禮項目，最後回顧時讓婚禮留下遺憾，那就太可惜了。

還有一點我想提醒各位新人的是：如果情況允許，請另外存下總預算的10%作為緊急預備金，婚禮將近時，可能會有派上用場的時候！不管是用在臨時增加的佈置區塊或是哪個長輩突然要求增加的妝髮造型，有了雙重準備（這裡指的是心理和經濟兩個層面）就不會措手不及，可以心平氣和地面對婚禮路上殺出來的大魔王！ 就讓我們一起來破關吧！

Happy Note

2

場地選擇與餐飲

分開或統一舉辦婚禮活動的特定場所
婚禮上所供應的食物與酒水
根據需求選出最適合的場地餐飲組合

在閱讀第一章「籌備的第一站」後，相信你已經可以根據你的需求與喜好為場地設下一些條件。以下再深入針對各種不同的場地類型來為你做介紹：

	證婚儀式	宴客餐敘
戶外	草地 海灘 露台 庭院 泳池畔 半戶外空間（有屋簷） 其他	草地 海灘 露台 庭院 泳池畔 半戶外空間（有屋簷） 其他
室內	教堂 多功能室內空間 其他	飯店＆婚宴會館 特色餐廳 老宅與古蹟 多功能室內空間 其他

場地：美國渡假村

場地：台北圓山聯誼會

場地：台北文華東方酒店

場地：**Brick Yard 33 1/3**美軍俱樂部

場地選擇戶外篇

草地應該是大家最熟悉的戶外場地類型，綠油油的一片配上美麗的花藝佈置，是西式婚禮最經典的樣貌。草地又分成天然草皮與人工草皮，後者較好維護、也不會因為下雨過後就泥濘不堪，但要注意如果有葉材或花瓣掉落在地面上必須要事後清潔乾淨，而天然草皮就可以直接當作肥料讓它自然吸收。

擁有廣大腹地的自宅或是觀光區的民宿可提供住房歇息，加上極具私密性的優勢，近年來漸漸成為新人舉行西式婚禮的熱門選擇。想像浪漫的婚禮配上依山傍海的無敵美景，是不是很令人嚮往呢？ 若選擇自宅或民宿作為婚禮場地，因為極少有前人舉辦過的經驗和相關照片文字可參考，建議一定要請一個專門的婚禮團隊來協助你所有的籌備事項。

場地：綠光行館

除了草地以外，其實還有很多不同的多功能戶外空間可供選擇。海灘、露台、庭院、泳池畔等都可以搭配出很棒的浪漫氛圍，只要將場地清空再加上巧手佈置，馬上搖身一變成夢想中的婚禮場景！

場地：心之芳庭

場地：**La Villa Danshui** 義大利餐廳

場地：台北萬豪酒店

另外現在越來越多飯店與婚宴會館為了順應西式婚禮的潮流，紛紛在自己的場館內開設全戶外/半戶外空間給新人作為證婚儀式使用，而宴客餐敘還是維持在原本的宴會廳。同一地點舉行兩種活動的方便性，加上原有良好的餐點品質，是最簡單又令人安心的選擇。

很多新人問我，如果長輩喜歡飯店的宴客餐敘，但該飯店沒有提供戶外場地，可是還是很想有一個漂亮的戶外證婚儀式，有什麼辦法呢？除了分天舉辦之外，其實可以觀察該飯店附近是否有適合的單獨戶外場地可以租借。像是台北晶華酒店＋玫瑰古蹟-蔡瑞月舞蹈研究社就是個隱藏版的組合。利用後者的草地來做戶外證婚儀式，結束後再到飯店進行宴客餐敘，兩者甚至步行不超過5分鐘的距離！

場地：翡麗詩莊園

場地選擇室內證婚篇

不像日本有許多專門為證婚儀式打造的特色教堂，大部分台灣的教會都只開放給教友使用，相關佈置限制也比較多，建議先打電話詢問清楚相關租借規則。如果沒有宗教信仰但喜歡教堂氛圍的新人，現在許多飯店或婚宴會館也有在館內建造專門用來舉行證婚儀式的教堂造景，也同樣是一個簡單又令人安心的選擇。

除了教堂造景之外，挑選一個有特色的室內空間也可以打造出浪漫的氛圍，也有可能此空間主要是作為雨天備案而規劃的。只要主視覺後面的背景圖案乾淨一致，拍照出來的效果都是很好的。

場地：台北漢來大飯店

場地：新莊典華（典華幸福機構）

場地選擇室內宴客篇

在室內用餐還是部分台灣新人的首選，飯店或婚宴會館也順應潮流，陸續推出各式各樣新的風格宴會廳，不再像過去只提供中式圓桌與合菜，而是有多元化的餐點可供選擇。

除了前面兩者，想要較不一樣的婚禮風格，還有什麼選擇呢？特色餐廳通常是最能輕鬆打造出西式婚禮氛圍的場地，餐點也具有一定的品質與良好的服務。但比較需要注意的是空間規劃，可能是幾個較為分散的區域或包廂為主，甚至有分樓層，比較難找到適合的中心位置讓每個角落的賓客都能看到婚禮中的主要活動；另外要考量的是，特色餐廳原本多以2-4人的小桌數為單位來接待客人，請提前向場地廠商詢問是否能改變現有的桌椅安排方式以符合你婚禮的需求。

老宅活化算是近年來的熱門話題，像是台灣因為曾經是日本的殖民地而留下許多日式建築的老宅和古蹟，保留外觀的歷史建築痕跡，將其內部空間重新改造為餐廳，是很常見的營運方式。這樣的場地也特別適合用來舉辦西式婚禮，營造出類似歐美流行的穀倉或是酒莊婚禮，也就是新人們都很喜歡的鄉村風。

利用外露的樑柱結構來懸吊紙燈籠和串燈等佈置物，製造空間的錯落感與整體視覺的豐富度，特別推薦給選擇這類場地的新人參考，在其他類型的場地可是要花重金才能打造出同樣的設計！

場地：**La Villa Danshui** 義大利餐廳

另外要提醒你一點：老宅和古蹟受到政府規範，在使用維護上需要特別謹慎小心，例如佈置上可能會有許多限制，請一定要詳細閱讀場地使用規則，避免後續爭議產生。

多功能室內空間在台灣大多是作為商業會議或是展覽使用，在第一眼看到尚未佈置的空間時，新人通常很難想像作為婚禮會是什麼樣貌。整體裝潢通常很素雅，沒有過多的顏色，建議要找擁有良好採光的空間，太過封閉容易給人帶來壓迫感。這樣的場地在規劃上其實相當類似在戶外舉行宴客餐敍，就像P.16中所提到的，餐桌椅都是配合婚禮當天臨時調度而非永久設施，所以一樣可以完全按照新人的想法來安排款式、顏色、相關動線與座位排列等。多功能室內空間通常是沒有供餐的，餐點都必須另外聘請外燴餐飲團隊處理，有些場地已經有內建廚房與烹調設備，沒有的話就需要該餐飲團隊自行攜帶相關設備入場。

場地：**Brick Yard 33 1/3**美軍俱樂部

場地：香色 **XIANG SE**

值得一提的是，多功能室內空間為了因應商業需求，通常具備非常先進的電子設備，可以與音響燈光這些專業廠商對接，輕鬆打造出絢麗的聲光效果。

無論是哪一種類型的場地，大多分為場地租借費與餐費兩個部分來計價。一般來說，場地都會先制定一個基本的場地租借費，也就是俗稱的包場費，根據每個空間的大小不同而有金額上的差異；餐費則多以人頭計價，可以另外找外燴廠商進駐，或是本身有合作的餐飲廠商也可以直接向場地加價訂購。前面提到的戶外場地、老宅和古蹟、多功能室內空間，大多都符合這樣的計費方式。

有些場地會將兩項費用結合在一起，場地租借費就像是一個最低消費的門檻，只要餐費最後加總起來有達到低消的金額就可以不用再另外支付場租費，飯店、婚宴會館、特色餐廳多半都是採用這樣的收費模式。如果同一場地內有附設證婚場地，通常會另外設定一個加價的價格，有需要的新人可以自由選購。

提醒你，某些特殊場地可能還會另外收取一筆保證金（或稱押金），在婚禮結束後，若確定場地有清潔乾淨且無毀損，就會將這筆錢退還。你可以向場地窗口詢問是否可以使用信用卡或是支票作為預先支付的方式，避免現金流的支出與後續退還手續上的各種麻煩。

場地：台北文創大樓**14**樓

場地選擇餐飲篇

前面提到了餐費的計算方式，接下來要介紹婚禮的餐飲有哪些種類可以選擇？根據賓客人數多寡、不同的年齡層與習性等，也有各自適合提供的餐飲類型，就讓我來一一為你介紹。

首先新人最為熟悉的婚禮餐飲類型應該是中式合菜，以10-12人為一個單位，一道一道澎湃的多人份菜餚上桌後，由賓客自行使用公筷母匙分食取用。這樣的合菜一定要搭配附設轉盤的大圓桌，不然每位賓客無法快速地夾取自己想要的餐點。計費方式通常以一桌為單位，所以新人要盡量將每桌湊滿、才不會浪費菜餚也浪費錢。

近來有一種婚禮餐飲類型是以4-6人份的小盤多人份餐點為主，一樣是上桌讓賓客自行分食，多流行於非傳統的特色餐廳，菜色以炸物、異國美食為主。這其實就是中式合菜的變形縮小版，只是餐廳通常以小桌數為單位來接待賓客，所以從10-12人改為一半的份量。

若餐飲廠商具備足夠的人力，則可以用位上套餐的方式來供應給賓客。位上套餐是把每道菜都以單人份逐一地送到賓客的位置上，不只是西餐可以這麼做，在COVID-19疫情期間也有很多飯店和婚宴會館為了讓新人與賓客安心，將中式合菜分裝後也改用位上套餐的方式來供應。位上套餐對賓客來說有種尊榮感，也可以避免自行取用時有分菜不均的尷尬場面，不過因為多了服務人力，相對地價格當然會比較高一些。

自助餐點會需要另外架設餐檯區，通常建議安排兩面也就是環形取餐，會比較有效率；但如果因空間限制餐檯需要靠牆，採單面取餐也是可以的。有一種方式是混合型的部分位上套餐，將事先指定的主餐用上菜的方式服務到桌邊，其他的前菜、湯品和甜點等則是維持自助式，許多西餐廳在承接婚宴時都採用這樣的餐飲類型。

如果賓客中以爸媽的朋友佔多數且總人數超過200人，建議以長輩習慣的中式合菜來進行；如果是以平輩為主、約100人上下的婚禮，採用自助餐點或是部分位上套餐，讓大家起來走動並互相聊天交流是很好的方式；若舉辦只邀請至親好友的微型婚禮的新人，可以試試升級位上套餐，讓賓客享受豪華又尊榮的婚禮饗宴。

如果你選擇的場地本身沒有供餐，該如何尋找好的外燴餐飲團隊來服務？除了口碑與經驗值以外，合不合口味還是最關鍵的因素。先想好餐飲類型與預算，請外燴人員幫你搭配菜色之後進行試菜，如果初步有喜歡，針對菜色內容都還可以做調整。

另外，請注意聘請外燴可能會有你意想不到的費用產生：像是將拋棄式餐具更換為高級餐具（瓷器與玻璃杯等）、後台備餐區與取餐檯搭建維持餐點衛生品質的遮蔽帳篷或陽傘等。這些都是除了餐費以外的支出，請事先與你的外燴餐飲團隊確認。

飯店通常可以提供非常多元化的餐飲類型，從自助餐點、位上中西式套餐到中式合菜都難不倒他們，品質穩定，相對來說費用也是最高的；想採用中式合菜的新人，好口碑的婚宴會館會是個經濟實惠的選擇；偏好特色餐點與氣氛但又怕麻煩的新人，我建議選擇特色餐廳或是有供餐的老宅和古蹟；如果你決定要舉辦一場高客製化的西式婚禮，選定一個你喜歡的多功能空間搭配外燴餐飲團隊，不管是戶外、半戶外還是室內都可以，讓你和你的婚禮團隊來共同打造出夢想中的婚禮！

常見Q&A

Q 如果我有很喜歡的場地，但是初步電話詢問之後發現超過預算，有什麼好建議嗎？

A 請剖析喜歡這個場地最重要的原因後再做決定！

1. 通常新人是在網路上看到別場婚禮的照片被吸引，進而打電話詢問場地的相關報價。建議可在非婚禮時段前往場地勘查，看看尚未經過佈置的場地是否還是你喜歡的模樣，還是你只是被參考照片中的整體婚禮視覺設計所吸引。

2. 承 1，如果是空景就非常漂亮，那麼你可能只需要簡單少量的花藝佈置，就可以把原本要花在整體婚禮視覺設計的預算挪一部分到場地費用。經過一番乾坤大挪移之後，你會發現總金額竟然落在預算之內，甚至還有剩餘的部分可以拿來活用！

3. 承 2，如果預算還是不夠的話，請向場地廠商詢問是否有特殊的優惠方案，像是下訂平日、非吉日甚至農曆七月的婚期通常會比宜嫁娶的婚禮大日來得便宜許多，只要你們彼此家族都不在意，絕對會省下一大筆錢。

4. 承 1，如果你發現場地本身並不吸引你，吸引你的是參考照片中的整體婚禮視覺設計，那麼你要做的是趕快打電話預約諮詢負責這場婚禮的相關佈置團隊，如果雙方相談甚歡，也請他們為你介紹其他相似風格場地的實際佈置案例。誰知道呢？也許下一個場地更打中你的心！

Q 賓客中有人吃素或是我有特殊原因想在婚禮上全部供應素食餐飲，有什麼需要注意的地方嗎？

A 素食餐飲比你想像中的眉角多！別拖到婚禮最後一刻才發現要被多收費！

1. 你是不是認為菜比肉便宜？大錯特錯！以飯店或婚宴會館的中式合菜來說，全素食餐點不但需要另外加價訂購（不能併入一桌10人中計算），而且菜餚的總道數還可能比一般葷食的餐點來得少，常常讓新人大吃一驚！如果你有賓客指定要吃素，可以的話盡量把他們以10人為單位湊成一桌，等於整桌人是共同享用素食餐點的合菜，對你來說會是最划算的餐費方式。

2. 採自助式餐飲的婚禮，一般來說會直接請吃素的賓客夾取在餐檯上有標示「全素」或「奶蛋素」的菜餚，但這樣的選擇可能很少。建議向你的餐飲廠商詢問是否可以另外準備一盤專屬餐點並直接放到指定賓客的座位上，等於改用部分位上套餐的方式出菜，就不怕賓客吃不飽、不開心。

3. 素食其實是一門很大的學問，可以很簡單樸實，也可以發揮無限的創意。很多特色素食餐廳會將全素的食材做成仿真海鮮或肉品，外觀與口味上都讓人分不出是真是假，只能一個勁地點頭說好吃！如果要在婚禮上供應全素食餐點，建議鎖定多功能空間（戶外、半戶外或室內都可以）作為你的婚禮場地。找好場地之後，比起請飯店主廚、請找專門的素食餐廳來提供外燴服務，對於食材的掌握性與變化度都會更上一層樓。

聽聽專家怎麼說

典華幸福機構

典華自1980年創立，除了落實理念「把『典』禮做到更精『華』」以外，也持續追求創新突破、讓品牌注入新的活力及動能，只為了帶給新人更美好的服務和體驗。

2018年是典華的品牌再造年，跨國、跨界與國際藝術家蜷川實花於大直典華聯手打造「蜷川實花藝術空間」，是蜷川實花唯一的常駐大型藝術作品，打破婚禮想像讓人驚嘆連連，新人連想都沒想過、婚禮竟然能辦在藝術品等級的美學空間！除此之外也陸續發表多種不同風格的婚禮空間，像是新莊典華就以北歐古老傳說且融合簡約、純淨等概念，以寧靜藍做為主色調來打造半戶外的「北歐光境」，

有別於一般美式婚禮常見的深色木質調，深受新人喜愛。不僅如此，更創造市場、創造體驗，2024年打造「surReal concept space」前所未有的超現實複合式場域，將夢境、潛意識世界，以大自然原生場景結合異材質，融入現實空間，開啟迎接宴會的無限可能。另外大直典華、新莊典華兩館都備有多種不同創意設計的儀式堂，就為了讓新人玩出獨特的婚禮。除了婚禮全程有專屬的團隊幫新人打造獨一無二的婚禮，更致力於後續每組典華新人的幸福經營。2014年創立婚姻經營服務品牌，業界獨創「幸福時空膠囊」，專屬每對「典華幸福夫妻檔」的婚後服務，於結婚週年重溫一年前親手寫信給對方的期許及回憶。典華相信婚禮是一下子，婚姻是一輩子，串聯婚禮與婚姻之間，延續感動並回顧結婚的初衷及悸動。

台灣這麼多不同的場地類型，我該如何選出最適合我的那一個？

（一）建議可依婚禮風格做初步挑選

首先第一步新人可以任選室內婚禮或是戶外婚禮作為主要的形式。若選擇在室內舉行婚禮，可再依廳房主題風格做區分，像是現代工業風、法式優雅、歐系古堡公主風又或是奢華氣派感。除了風格之外，也需要初步抓出預計的賓客人數，才能逐步縮小口袋名單，最後進一步篩選出符合各項選擇的場地。若嚮往電影般的戶外婚禮卻又怕麻煩的新人，選擇一個精心規劃與設計的半戶外婚禮空間，有遮棚雨備讓你不用擔心天氣，若兼具交通便利更是大大加分，值得你馬上放入候選名單中。

（二）婚禮儀式感當道，注入愛的感知力

你是否有想過自己婚禮的樣子呢？或是哪個流程是絕對不能少的呢？隨著婚禮型態改變，宴客餐敍開始前的證婚儀式已成為現今新人的必備流程，邀約至親好友參與，新人在大家見證之下立下誓言，同時也

象徵開啟婚姻之路。流行語「儀式感」的意思是代表某個舉動會讓平凡無奇的生活變得不一樣，那麼婚禮中的儀式感就來自於這個重要的「證婚儀式」。戶外或室內空間均能打造不同風格的儀式堂，若能在相同場地搭配同風格的廳房或多功能空間來做宴客餐敍就更好，對賓客來說移動也很方便。

印象最深刻的婚禮案例

曾經有一組新人協同主婚人在婚禮當週前往場地做最後確認時，新娘爸爸突然說他的賓客會多出10桌，新人聽到之後頓時驚慌失措。此時團隊服務人員趕緊拿出現場座位圖一一核對名單且同步確認是否有其它可使用的廳房。新人選的婚期正是大好日子，幾乎所有的廳房都早已被預訂，但最後順利空出位於其他樓層的廳房供新人使用，讓新人與主婚人們都安心不少。

廳房定案後，因為新人希望兩個樓層都能分別進行完整的婚禮流程，平輩朋友居多的廳房還外加了驚喜唱歌的橋段，活動流程可說是非常緊湊。扣除婚紗禮服換裝與逐桌敬酒的時間，剩餘的每個活動流程都僅有10-15分鐘的時間，另外由於兩個廳房位於不同的樓層，流程安排上尚需將搭電梯、召集新人與主婚人的等待時間都一併納入考量及規劃，團隊服務人員拆解婚禮總時數並仔細計算出每個流程所需花費的時間，只為了讓新人夢想中的婚禮能夠更順暢地進行。

到了婚禮當天，婚禮主持人場控了所有流程時間，加上婚禮小管家在一旁協助瞻前顧後，確保流程進行時參與人員皆有跟上腳步，最後婚禮圓滿結束，賓主皆讚譽有加。這樣的特殊狀況絕對需要擁有豐富執行經驗與專業知識的完整團隊服務，不只能準確掌握婚禮進度，亦可擔任與長輩溝通的橋樑，客製化屬於你的獨特婚禮，讓婚禮當天可以輕鬆地、好好地享受自己的大日子。

聽聽專家怎麼說

Brick Yard 33 1/3 美軍俱樂部

美軍俱樂部位於距離台北市區20分鐘車程的陽明山郊區，原為50年代美軍駐台期間給美籍青年眷屬社交活動的重要休閒場所，後期隨著美軍陸續撤離台灣，這裡被改建成會員籍制度的陽明山聯誼社。2008年隨著聯誼社歇業後場地荒廢，建築本體也不堪風雨吹襲逐漸損壞，2016才透過政府推動的「老房子文化運動」重新賦予了這棟建築新生命，場域重新更名為美軍俱樂部，化身一個結合黑膠、藝文、展演、遊憩、美食等元素，並同時擁有歷史建物之身分的多樣性場域。

佔地千坪的美軍俱樂部擁有兩棟室內用餐空間，搭配戶外淺水池畔為主要證婚舞台，獨特英式庭院自然景觀與50年代保留至今的美國南方鄉村風紅磚牆殖民式建築，是少數可以同時符合80人左右小型派對婚禮或是200人大型主題婚宴的場地。

一般餐廳活動包場與婚宴包場有什麼不同/注意事項？在這樣的場地舉行婚禮與一般傳統的婚禮有何不同/注意事項？

婚禮產業具有所謂「一次性消費」的特色，大多數都只會在同一個服務廠商進行單次的消費行為。比起企業包場較注重實質層面的問題（交通、費用等），婚宴包場的客人更需要照顧到他們的精神層面，像是較為緊張的新人需要多提供一些實際婚禮的參考照片、多撥空回覆通訊軟體上的詢問、再三確認婚禮細節等，當彼此的信任感已經建立完善，很多問題就不再是那麼大的問題了。

西式婚禮的場地有別於大家熟悉的台灣傳統婚宴場地，所有的婚禮整體視覺設計、活動流程及座位安排等都可以交由新人自行決定，可以依照每一場不同的婚禮提供更客製化的服務。但同時需要新人處理的項目也會多一些，像是部分西式婚禮場地僅能以外燴的方式供餐，這可能是優點，也同時是一個缺點。往好處想是新人能自由尋找喜歡的外燴廠商來提供婚禮上的飲食，不管是總鋪師、西式主廚、異國料理或是特殊餐點需求（全素食、無麩質料理等）都可以；但如果新人沒有合適的外燴廠商人選，又非常擔心餐點品質，可以選擇非婚宴時段就是以餐廳方式營業的場地，既不用特別約定試菜的日期，就能輕鬆品嚐到該場地的餐點口味，在有常駐廚師的前提下也能在婚禮上提供多樣化的客製現做餐點，省去不少煩惱。

印象最深刻的婚禮案例

因為美軍俱樂部場地的特殊性，常常接到來自海外的詢問，有些可能是說著不同母語的外國新人、有些可能是長期旅居異地的台灣新人。還記得有個長居英國的新娘與住在台灣的爸爸媽媽一同來看場地，在新人專注於與其他婚禮服務團隊討論佈置細節時，餐廳服務人員招呼爸爸媽媽先坐在餐廳的座位區稍作休息並享用茶水。在寒暄的過程中得知新娘在婚禮的隔天就必須飛回英國去工作，他們兩位很希望這次能在女兒的婚禮留下最美好的回憶，這樣以後想女兒時就可以回到這個餐廳來看看。雖然只是很簡單的一句話，卻盛載了父母對於子女的無限祝福與思念。如果有一天，這對爸爸媽媽真的再次回到了這裡，希望團隊能用最美味的餐點與熱誠的服務來讓他們回想起美好婚禮的那一天！

聽聽專家怎麼說

外燴王時尚法式外燴

外燴王專業經辦各式婚禮外燴與大型餐宴派對，20多年來超過兩千場的服務經驗，成就新人圓滿完成婚宴，每年更新菜單，從無到有默默付出。以平實的價格提供豐富多樣的精緻餐點，將新鮮豐盛的食材配合精湛的廚藝，不論烹調方式或擺盤設計，都讓您賓主盡歡。無論是異國風情的婚禮饗宴、客製化的Finger Food精緻小點，還是搭配婚禮主題顏色的特調雞尾酒，充滿氛圍的餐點擺設，絕對讓現場的氣氛達到最高點！

外燴婚禮前/當天服務流程

費用可能是新人最關心的重點，多少錢才是合理的外燴餐飲價格呢？一般來說以人頭計價的話，建議抓在每人1000元到3000元不等，差別就在你是想要擁有好吃且高CP值的菜餚？還是高級食材搭配精緻料理讓你面子裡子雙贏？這就要看每對新人的想法與可支配的預算來決定了。除了以人頭計價的收費之外，還有租借餐具（刀叉匙筷、瓷盤、瓷碗、各種杯子等）、桌椅、帳篷（包含新人與賓客用餐區域、備餐區、回收區、取餐區等）這些其他延伸費用需要負擔，所以如果你的婚禮場地有現成的桌椅或是雨遮區，會為你省下很大一筆預算。

外燴團隊裡的主廚跟外場經理是兩大要角，菜單的調整可以與主廚直接溝通，外場經理則負責把關婚禮當天的餐飲服務流程，兩者也會根據不同的婚禮場地、整體視覺設計、活動流程等共同規劃出不同的外燴菜單與餐點服務流程。常見的服務流程如下：

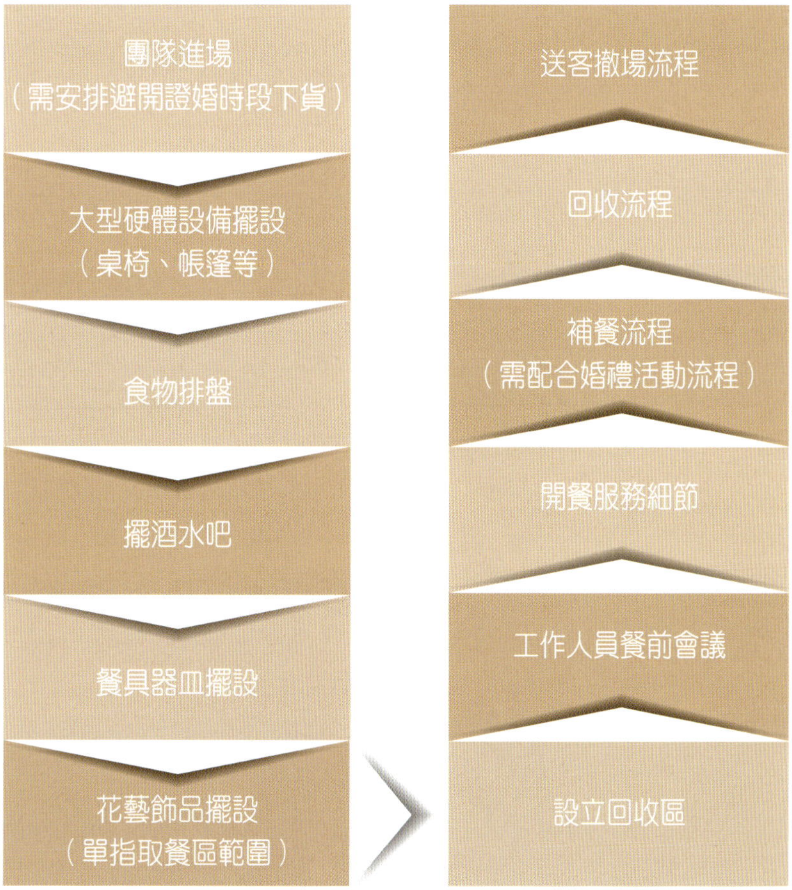

印象最深刻的婚禮案例

相信每個婚禮廠商都服務過無數對新人，其中勢必也有一些令人印象深刻的婚禮突發狀況，想忘也忘不了！ 記得有一場辦在北部的戶外西式婚禮，結婚當日不巧遇到颱風過境，雖然並沒有真正登陸台灣本島，也沒有下雨，但現場的風勢還是相當地大。因應特殊天候情形，該場婚禮使用的帝王帳已經特別綁上10噸重的水泥塊加強固定，但在證婚儀式時還是因為強風微微地被吹起、像是浮在半空中一樣，非常令人擔心…….，最終在宴客餐敍開始前帳棚已經嚴重歪斜，基於安全考量，帳篷廠商不建議繼續使用。所幸事前整個婚禮團隊有規劃完善的備案，團隊立即將200位賓客全數安排到其他用餐區域，並在最短時間內重新完成場地佈置跟餐點準備，讓這場婚宴還是能夠準時開席。雖然搬移後場地有些擁擠，現場的氣氛還是相當地熱鬧，新人也很慶幸能夠順利完成人生中的大事。

誰都不希望自己的婚禮強碰上天災人禍。但當它真的發生時，除了事前必須規劃備用方案之外，更需要具有豐富經驗的婚禮服務廠商來協助處理各式各樣的突發狀況，才能夠讓婚禮順利完成而不至於手忙腳亂。

Happy Note

3

整體視覺設計

運用花藝與其他裝飾來美化婚禮場地

西式婚禮的特色佈置有哪些？

俗話說「人要衣裝，佛要金裝」，那麼一場美麗的婚禮也就絕對需要獨一無二的裝扮！

比起花藝佈置，我更偏好使用「整體視覺設計」來與新人解說關於佈置方面的資訊。首先是因為除了花以外，還有許多不同的設計元素可以添加到婚禮之中；再來我也會特別強調「整體」這個形容詞，因為無論使用哪些設計元素，一致性是非常重要的，最後才不會變成東一個色系、西一個色系的「補丁」婚禮。

下面我會整理證婚儀式和宴客餐敘兩種活動中常見的佈置項目，並告訴你如何透過組合不同的佈置元素，將婚禮打造出專屬的整體視覺設計。

	證婚儀式	宴客餐敘
主視覺區	拱門 其他	舞台 主桌 其他
賓客座位區	椅背 走道	客桌 走道
迎賓互動區	告示牌 活動道具	拍照背板 簽名簿冊
加分小細節	特製戒盒	指定座位卡 結婚蛋糕
共用設計	成套捧胸花 喜帖邀請卡	

證婚儀式：主視覺區

整個證婚儀式中，很多的橋段包含交換誓詞、交換戒指、親吻新娘和最後的賓客合照，都會在場地的最前方進行，也就是我們接下來要談論的主視覺區。

主視覺當然最常見的就是拱門造型了。傳統常見的拱門形狀大多是橢圓形或ㄇ字形，近來波希米亞風搭配正圓形、三角形等也逐漸變得流行起來。而每一種形狀又可以搭配不同的拱門材質（多為木頭或金屬骨架）、織品與小物裝飾以及花藝設計而呈現出不一樣的氛圍。

如果你的場地本身有像大樹這樣的天然建物，那簡單在樹上加點懸吊佈置就可以作為主視覺區，特別又搶眼！請注意某些教會可能受限於高度或其他特殊規定而不適合搭建巨大的拱門，這時候經過花藝師巧手設計過的司儀台、兩側對稱的花柱或是貼地式的花藝設計等都是可以選擇的替代方案。

證婚儀式：賓客座位區

一般來說，賓客座位區會分為兩側，中間則是保留給新人入場的動線，這時候如何標示出走道的範圍就很重要了。靠近走道的座椅綁上椅背花，若場地許可還可以散上浪漫的花瓣。如果在座位分配上有特殊考量，建議準備符合婚禮主色系的小告示牌，既可以保留座位給至親，同時也是加分的小裝飾。

證婚儀式：迎賓互動區

告示牌看似只是個擺設道具，但其實它不僅標示出屬於你的主場，也是整場婚禮視覺設計的聚焦起點，建議可以在顏色、款式與字體上充分發揮創意與想像力。

如果有搭配退場時灑花瓣或其他互動橋段（詳見P.113），也可以在迎賓區先放置相關道具讓賓客自由拿取。若你決定捨棄傳統，單純只舉辦證婚儀式，也可以將原先常設於宴客餐敍入場前的簽名活動與發放伴手禮等放入此區來做規劃。

證婚儀式：加分小細節

除了品牌贈送的原廠戒指盒，你是否有想過還有其他可能性？只屬於你們的客製化婚禮戒盒，不僅擺拍好看，在交換戒指時（詳見P.110）拿出來也是一大亮點。鄉村風的木頭基座搭配麻繩、苔草與多肉植物等都是很好的裝飾。

宴客餐敘：主視覺區

宴客餐敘活動中賓客的焦點通常有兩個：有活動時會集中在舞台，沒活動時則是以主桌為主。

若你選在飯店或婚宴會館做宴客餐敘，多半都有內建舞台設備並配有懸吊結構，可以在舞台上方吊掛姓名LOGO輸出或花藝等作為你的主視覺。在餐敘的過程中舞台會有人不斷地上上下下，可能也會有幾段表演活動，建議要空出足夠的空間而不要過度裝飾。

主桌顧名思義就是最主要的桌位，人數從2-20人都可以安排，專屬新郎和新娘兩個人的座位或是擴大邀請雙方家長或親友一起入席。主桌一般來說都會位在整個宴客餐敘空間的正中央或最前方，所以當然也是主視覺之一。

如果你的宴客餐敘場地沒有現成的舞台設備，建議一樣將主視覺設定在場地的最前方，只是改採主桌取代舞台的方式來進行。兼具舞台功能的主桌會推薦搭配長型桌，這樣一來主桌的每一個人都能統一面向賓客，較方便進行致詞和敬酒等活動。

如果沒有舞台，主桌就是宴客餐敘中唯一的主視覺區，從餐具、桌花到椅背裝飾，每一個小地方經由你的婚禮團隊巧手設計，保證讓賓客讚嘆連連，新人自己近距離坐著看也會很開心。偷偷告訴你一個秘密，你可以向你的婚禮團隊詢問是否有移動拱門的方案，在證婚儀式結束後，將漂亮的拱門移至主桌後方，讓整體宴客餐敘的主視覺更豐富！

如果你的場地讓你必須從零開始，相信我，這會是一段很好玩又很令人苦惱的過程！ 從桌巾、桌旗、口布的質料和顏色，到杯盤餐具的樣式與功能；從菜單和桌號碼牌等輸出品，再到搭配的花藝設計，各式各樣超乎想像的客製化細節任你玩，苦惱地是你必須決定預算要放在哪個項目上。若宴客餐敘在晚上舉行，加入些許的蠟燭裝飾會更添浪漫。

KITCHEN

宴客餐敘：賓客座位區

常常有新人問我，我的場地已經提供固定樣式的桌花了，我還能在桌上放什麼呢？

如同前面所說，花藝佈置只是整體婚禮視覺設計中的一環，餐桌上還有許多能讓賓客眼睛一亮的細節，等著你跟你的婚禮團隊去設計發想。加入婚禮主色系的成套輸出，讓菜色卡和桌號碼牌不再只是千篇一律的公版；擺放精緻又符合婚禮主題的裝飾小物，因為不佔空間，即使是吃合菜的圓桌也很適合；如果想要更豐富一些且有充足預算的新人，可以準備每人一份的小伴手禮，吃的用的都可以，最好能搭配上婚禮主色系就更完美！

table 1

如果賓客座位區是採用長桌，除了可用婚禮主題作延伸設計以外，也可搭配平鋪式葉材輔以鮮花點綴，是非常經典的婚禮桌花設計；或以花藝設計融合主題色系的桌旗來增添延伸感也非常適合。

一般來說，宴客餐敘的場地不會做太繁複的走道佈置，大部分僅以地毯來劃分主要行進的路線。如果採取自助式餐飲，因為賓客走動會比較頻繁，就更需要注意走道的寬敞程度與周圍是否淨空；而飯店或婚宴會館因為多以中式合菜服務上桌為主，有些會另外準備走道兩側的花柱來增添浪漫的氣氛。

宴客餐敘：迎賓互動區

相較於證婚儀式，宴客餐敘的迎賓互動區顯得格外重要。在台灣的婚禮中，迎賓桌除了簽到之外，還必須兼具收禮桌的功能。另外，此區也常配合展示新人的婚紗照或生活照。

在迎賓互動區也會設立座位總表，讓賓客們能快速查找自己所在的桌號。如果可以搭配婚禮整體視覺來製作你的座位總表，別緻的設計一定會讓賓客留下深刻的印象。

背板應該也是台灣新人相當熟悉的迎賓區佈置之一。有些新人沒能如願舉辦浪漫的證婚儀式，便將背板區塊加入拱門這樣的佈置元素，當天拍照起來也能有類似證婚儀式的美麗照片。

GIFTS & WISHES

ever mine

宴客餐敘：加分小細節

在傳統的西式婚禮中，有個特別的餐桌小細節叫做指定座位卡，也就是將每位賓客的名字寫在設計小卡上並放在指定位子的餐盤周圍。賓客除了找到自己的桌號之外，到該桌時還必須依照小卡入座特定的位子。這張小卡有很多不同的設計呈現方式，不僅賓客可以充分感受到主人的用心，也是一個很棒的小紀念品。

但這樣的方式我會比較建議使用於100人以下的小型或微型婚禮；若賓客人數眾多，新人還需一一思考個別的座位，恐怕過於勞心勞力，也會造成當天賓客入座的速度相當緩慢，進而影響到整個婚禮活動的進行。

結婚蛋糕則是西式婚禮中的另一個特色。將你的婚禮主色系融入其中，漂亮又吸睛的高蛋糕絕對是婚禮上的焦點。在宴客餐敘中加入切蛋糕的橋段（詳見P.121），現場也可以分給賓客享用。

證婚＋宴客：共用設計

相信我，捧胸花是你和你的另一半在婚禮上的最佳裝飾，重要性不亞於婚紗禮服，請根據整體婚禮視覺設計來搭配成套的花藝。

如果有預算的新人，可以為爸爸媽媽（也就是主婚人）和伴郎們也準備小型胸花，取代傳統常看到的紅紙條；而伴娘們則有很多不同的裝飾可選擇，像是手腕花、花環或小型手拿花束，不但增添識別性，也讓你的婚禮更加精緻美麗。

另外還有一個容易被忽略的設計，則是喜帖邀請卡。雖然「它」不一定會出現在婚禮現場，但是賓客可以從收到的那一刻開始感受婚禮現場的氛圍。從紙質、整體色系、文字到圖案照片的呈現，都像是你婚禮的最佳預告片！

常見Q&A

Q 市場上有那麼多不同價位和風格的花藝公司，到底差別是什麼呢？

A 魔鬼藏在細節裡！

1. 花材的出處與種類絕對會反應在購入的成本上。同樣色系的婚禮，若授權花藝師可以使用當季盛產或是較為便宜的花材，整體報價就會經濟實惠許多；但若指定使用較昂貴的花材（有些甚至需要特別從國外進口），可想而知報價就會飆高。另外花材的新鮮程度也是影響價格的因素之一。婚禮結束後，許多賓客會帶走當天看到的桌花回家擺放，若花藝師都使用花況非常好的花材，賞花期甚至可延續一週之久；但若婚禮當天使用已經買了數天的花材，相對的可能一到兩天就凋謝了。

2. 現場執行的工作人員多寡常常是新人會忽略的隱形成本。若選在好日子結婚，熱門的場地通常會午晚宴都承接，如果前面的午宴延遲，晚宴進場佈置的時間就很有可能被壓縮，這時候你的婚禮團隊是否能在短時間內完成任務就非常重要了！另外，在前面有提到，若有需要現場變換或移動大型佈置物，這也需要有現場待機人員跟時間賽跑才能順利完成。

3. 販售固定的佈置樣式可以透過反覆地重組相同的道具（包含仿真花、拱門或背板骨架、其他大型佈置物等）來降低成本，但不要誤會了，不是所有這種類型的佈置都看起來很廉價！現在市面上有許多套裝方案，花量和設計都相當豐富，如果整體視覺設計剛好就是你喜歡的樣子，也不介意可能跟別場新人使用一模一樣的婚禮佈置，就不失為一個好選擇。

Q 預算有限，但還是很想擁有屬於自己客製化的主題婚禮，怎麼辦才好？

A 沒問題，讓我來幫忙把預算放大！ 每一分錢都花在刀口上！

1. 花量多寡當然會直接影響到整體報價。我的建議是：在討論初期就提出總預算，讓你的婚禮團隊能夠拿出報價相近的實際作品給你參考，雙方可以更有效率地去溝通什麼能做、什麼不能做。千萬別跟花藝師上演諜對諜的戲碼，白白浪費了寶貴的時間。

2. 請你的婚禮團隊推薦一位適合的平面設計師，一起討論並設計出獨特的婚禮LOGO（可以是文字也可以是圖像），兩個人專屬的小故事、婚期遇上節慶、在地或異國文化等都是可以翻玩的主題，請盡情地發揮創意。最後將LOGO充分運用在各式各樣的輸出品上，讓你的整體婚禮視覺設計充滿客製化的小細節。

3. 很多新人想提供私物來豐富婚禮現場的佈置，同時期待能降低佈置的預算。說實話，可能不是每個私物都那麼適合。照片是最能無違和地融入任何婚禮佈置的好東西！ 從兩個人各自的孩童時期、交往的情侶合照到婚紗照，檔案都可以提供給你的婚禮團隊來做發揮。相片樹、相片牆、特色相框陳列等，都可以放在迎賓處或會場的任何一個角落做最獨特的裝飾；婚禮結束後，照片還能帶回家黏貼成冊留念，完全不浪費。

4. 最後，不要害臊，大方地向你的親友要求援助！ 請身為甜點師的朋友為你製作結婚蛋糕；請開餐廳的親戚提供大量又便宜的酒水飲料；甚至號召全家一起動手加工上百份喜帖和婚禮小物，都能有效地幫你節省預算。友情贊助萬歲！

Q 不想要做送客背板，因為這樣婚禮結束會製造大型垃圾很浪費。還有什麼拍照起來也很漂亮的選擇呢？

A 愛護地球，大家一起做環保！

1. 可以利用大型道具的陳列來替代背板，像是租借古董沙發、橡木桶、工業風傢俱擺設等，再搭配花藝和燈光組合出漂亮的拍照區。這樣的拍照區在構圖時可以有某些人站著、某些人坐著，整體合照感覺也會更有變化！只是務必選擇背後牆面顏色或圖案乾淨一致的地方做拍照區擺設，因為沒有較高的背板遮擋容易顯出背景的雜亂。

2. 提供你另一個好點子，那就是將證婚的主視覺設計再次利用作為送客拍照背景，不僅不浪費，更能為你省下不少預算。請向你的婚禮團隊詢問是否有提供拱門搬移的方案，也請特別注意相關的搬移動線與場地限制。舉個例子，若證婚儀式在一樓的戶外區舉行，而餐敘則辦在同一飯店的三樓宴會廳，那麼勢必需要搬運上樓，前提是電梯的長寬高是否能容納拱門進入？若不行的話，需要重新組裝就會耗時又耗工，也一定會有延伸的費用產生。

3. 最後一個則是將送客合照的地點設定在舞台上，利用原有的舞台主視覺設計作為送客背景，跟2有異曲同工之妙，一樣是不浪費又能省下預算的好方法。不過要請現場的主持人在宣告宴會結束時一併以麥克風告知賓客可以自由上舞台與新人合照，最好也能請現場的工作人員協助引導相關動線，讓送客可以順利進行。

聽聽專家怎麼說

男孩看見野玫瑰花藝訂製

男孩看見野玫瑰創立於2014年，是囊括「設計」與「製造」兩大專業的佈置團隊，調和東西方的優雅，專精於鮮花的花藝佈置並提供相關工程服務，致力於為新人帶來高品質的西式客製化婚禮，作品曾多次獲得美國主流婚禮平台與媒體肯定。

客製鮮花訂製婚禮的提案流程

提案的流程可以想像成你準備要裝潢一間房屋，設計師會先了解你的喜好和需求，再融合他/她本身的美感風格與經驗來繪製設計圖。一般來說，在提案的流程中最難產出的是初始設計，須需考量到婚禮場地本身的條件、現場可行施工的方式等，才能進一步繪製出設計圖。常見的訂製婚禮提案與服務流程如下：

1. 面談
（預約日期與新人安排當面進行初步溝通）
2. 提案費支付
（作為提案設計製作費與檔期保留費用）
3. 形／色／質的溝通
（由新人陳述關於整體視覺／花藝配色／細節質感等的想法與喜好，提案設計師充分了解後進行素材靈感的收集）
4. 花藝配色的提案｜定案
（約定日期給予花藝色系提案，進一步讓新人確認喜愛的花藝配色，最後設計師將根據選定的花藝配色繪製設計圖）
5. 形與質的提案
（約定提案日期，給予佈置的設計模擬圖之完整提案）
6. 討論與定案
（建議至少於婚禮前一個月決定最終方案會較為理想）
7. 訂金支付
8. 迎接婚禮
9. 尾款支付

印象最深刻的佈置案例

其中一場是年末於東勢山谷裡的自宅西式婚禮，團隊在與新人約定第一次場勘時，就深深地被後方這片懸崖吸引；除了場地本身的地形優勢之外，自宅的隱私性也高，就像是私奔到秘境舉辦婚禮一樣，令人非常期待這場作品的呈現。在設計時搭配些許波西米亞風格的佈置，像是掛旗、芒草等元素，新人在造型的選擇上也與整體佈置有很好的搭配，讓整場婚禮的完整度非常好。

另外想特別介紹的則是一個充滿熱情與儀式感的家庭。從飯店到私宅，團隊於五年內陸續為這個家庭中的三個子女辦完婚禮，經歷了這些至親好友相聚的美好時刻，家庭成員也充分體驗到儀式感點亮生活的魅力所在。在這幾場婚禮的籌備過程中，新人父親的工廠曾特別生產一批精美的透明防疫隔板，只為了讓婚禮能夠在不影響整體佈置下如期舉辦；新人母親悉心研發的手工皂，經過團隊的設計與巧手包裝後成為最吸睛的伴手禮。在每一個婚禮的小細節裡，隨處可見父母對子女無私的愛和付出，令人相當感動。

對團隊而言，其實每一場婚禮都印象深刻。橘色不再被稱為橘色、藍色也不再只是藍色，所有的色彩組合，都彷彿雕刻上新娘的名字。因為這些銘心日子，歲月變得富有層次，記憶充滿畫面且色彩分明。

聽聽專家怎麼說

木蕾絲甜點工作坊

木頭堅硬但樸實溫暖，蕾絲脆弱而柔軟細緻，看似衝突的兩者，碰撞在一起卻能充分代表整個團隊，同時這也是團隊期望能透過甜點作品傳遞的感覺：質感、溫暖且精緻。

團隊創辦人Corine曾在加拿大學習精進甜點相關技術，回到台灣後曾任職於五星級飯店並製作專供館內婚禮上所使用的蛋糕與其他甜點。有感於原工作無法與新人有密切的互動，希望能了解婚禮背後的故事，進一步設計出專屬於新人的客製化婚禮蛋糕與其他甜點，因而開啟了創業之路。

結婚蛋糕有哪些常見的種類？如何兼顧好吃與好看？

因為結婚蛋糕要同時滿足陳列、展示與多層堆疊的需求，通常使用的是磅蛋糕基底與奶油霜夾層。不同於台灣常見的鮮奶油蛋糕鬆軟輕盈，磅蛋糕與奶油霜口感較為濃郁扎實，其特性讓蛋糕可在常溫之下維持外觀，只要沒有光線直射並處於有空調的室內空間（室外則需維持在攝氏27度以下），皆可於婚禮中全程展示不須冷藏。團隊在服務的過程中，發現很多人都有「結婚蛋糕很乾硬、不好吃」這樣的刻板印象，其實磅蛋糕在日常生活中是很普及的甜點，蛋糕體是否細緻、濕潤取決於蛋糕師的功力以及生產流程的細膩度，並非結婚蛋糕內的磅蛋糕就一定會是乾硬而不美味的。

在外觀設計上，國內外有許多蛋糕設計師都致力於推陳出新，使用不同的素材與手法讓婚禮蛋糕的設計更加多元豐富，目前較常見的外觀設計有奶油霜抹面裝飾以及翻糖裝飾這兩種大方向，兩種皆可以變化出很多不同的外觀造型。特別需要注意的是，翻糖素材的可塑性與彈性皆來自於糖本身的特質，因此翻糖本身是不能做糖度調整的。相較於歐美人士，亞洲的民眾普遍能接受的甜度沒有那麼高，所以團隊會貼心提醒新人可以將蛋糕最外層的翻糖皮剝除後再食用。多了這一個步驟，蛋糕的甜度就會比較適合大眾的口味，新人也能放心挑選自己喜歡的翻糖裝飾蛋糕款式，賓主盡歡。

印象最深刻的佈置案例

在創業初期，很感謝有許多婚禮與品牌活動界的貴人給予機會，印象最深刻的是有一場500人的婚禮甜點需求，也是團隊第一次承接這麼大型的活動。由於當天新人預訂的是飯店晚宴，卻遇到了午宴有送客延遲的情形，因此每個婚禮服務廠商進場時都像打仗一般戰戰兢兢，深怕延誤了婚禮開席的時間。

同時很感謝這場新人的信任，讓團隊能在甜點製作上翻玩了許多新穎的手法，而婚禮當天所有甜點在一開放取用時就被拿取一空，也獲得了所有賓客的好評。後續此場新人每逢親友生日、產前派對、小孩收涎與周歲宴等每個值得慶祝的重要時刻，都會回來找團隊訂購派對上所使用的蛋糕與甜點。雖然婚禮只是一天的活動，而因為這短暫的一天所牽起的美好緣分，讓團隊和新人彷彿成為了一生的朋友與夥伴。

聽聽專家怎麼說

DCT Wedding拾夢設計師

DCT Wedding致力於將西式婚禮推廣到台灣每個角落，讓新人可以輕鬆籌備，也讓賓客能夠享受一場難忘、最符合「你們」樣貌的西式婚禮。在婚禮整體視覺設計上，我們更擅於透過全客製化的花藝與平面設計將婚禮場地改造成完全不同的樣貌，實現新人心目中想像的美好畫面，如同DCT的品牌精神「We make your Dreams Come True.」。

設計提案與最終定稿程序

我們建議新人從下訂場地後，就可以開始陸續搜集喜歡的參考圖片了，由於籌備期間很容易被各種婚禮資訊推播，建議於婚禮前三個月再與佈置廠商進行詳細溝通，避免因為喜好的方向變動，而發生設計方向需要大幅修改的情形。

溝通時會請新人提供搜集好的圖片，團隊會引導新人討論出兩人都喜歡的風格，或者從兩人的故事去發想主題，並確認整體的色系、預算及初步布置項目。除此之外，我們也會進一步確認新人的自備品、收禮方式、人數、座位安排、活動動線、戶外天氣等細節，來規劃同時兼顧美感與實用的布置方式。

設計提案需要約三週的時間，提案內容包含整體呈現的花藝色系、主題元素、風格、布置物陳列、擺放位置、雨天備案、報價等細節，經過雙方來回討論修改，最終於婚禮前一個月定稿，並根據布置形式進行平面輸出品設計（迎賓牌、座位表、桌號碼牌、座位名卡等）與相關布置物採購訂製。最後，就是婚禮當天將想像畫面實現的一刻。

印象最深刻的設計案例

這對新人在討論階段就有著滿滿的想法，他們訴說著戀愛初期時兩人分隔異地在倫敦發生的種種趣事，也分享手機中兩人從小到大養過的兔子們、陪伴他們度過好多時光的可愛私家車等照片，團隊平面設計師Anny深受啟發，躍躍欲試能同步呈現他們最珍惜的回憶。

於是一個都沒有遺漏，以倫敦的雙層巴士為主要視覺，車子的外觀巧妙地結合了新人私家車的車頭與車牌；仔細一看，上頭趕著搭車的乘客就是他們心愛的兔子們；這台公車將乘載著所有的珍貴回憶並帶領著收到喜帖的賓客們前往婚禮會場。此外信封裡還附上了一張獨立的乘車票卡，留白處可以寫上對新人的祝福並投遞到現場的迷你信箱；如果忘記帶過來的賓客也沒關係，婚禮當天的迎賓處也備有足夠數量的小卡可供使用。除了祝福小卡的互動橋段，甚至之前提到的可愛私家車也都在現場成了最好的拍照道具！ 婚禮現場由平面設計為主並帶入同色調的花藝裝飾，呈現出了專屬於新人的整體視覺設計，讓每個賓客都留下了深刻的印象。

Please join us on our wedding day
15
December 2018
To Yangmingshan
Because you have shared in our lives
by your friendship and love,
our parents and we invite you to share
the beginning of our new life adventures together.

Welcome

台灣省

Happy Note

4

婚禮流程與音樂

依照順序安排婚禮上預計舉辦的活動

順應活動氣氛播放或演奏音樂

最適合台灣新人的西式婚禮流程

總招待與收禮人員的工作是什麼？

台灣的婚禮流程較為繁複，因為不只是新人的主場，也是父母酬謝親友和職場往來的朋友的重要場合。相較於前者，傳統的西式婚禮較著重於新人本身，一般來說流程較為簡化，賓主自由交流的時間當然也就相對地多。

婚禮流程因為包含了每個地方不同的習俗與文化，可以說是整個「西式婚禮在台灣」最需要修正與彼此融合的環節。在我協助異國戀新人共同籌備婚禮的過程中，也是在流程這塊最常遇到所謂的文化衝突。接下來就讓我列出經由數百場婚禮經驗所統整出來、最適合台灣新人的西式婚禮流程版本。

1-1	準備時間	當日婚紗拍攝
1-2	證婚儀式	花童進場 伴郎/娘進場 新人分開或同步進場 交換誓詞 交換戒指 親吻新娘 禮成
1-3	互動時間	退場 拋捧花 合照
2-1	迎賓時間	雞尾酒會
2-2	宴客餐敘	新人分開或同步進場 邀請雙方至親長輩致詞 香檳塔或提前切蛋糕 舉杯開席
2-3	互動時間	播放暖場影片 二次進場 新人致詞並再次舉杯 切蛋糕 跳舞活動
2-4	禮成時間	送客合照

準備時間：當日婚紗拍攝

台灣的新人多半有事先拍攝婚紗照的行程，所以在當天可以僅留簡短的時間，趁著賓客尚未入場時，在漂亮的場地請攝影師捕捉一些畫面，這樣的安排稱為「當日婚紗拍攝」。

如果沒有事先安排婚紗拍攝或者你是遵循西方習俗（新郎不可以在婚禮前看到身穿白紗的新娘，否則會招來厄運）的新人，就建議保留一小時左右較長的時間進行當日婚紗拍攝。其中可以結合FIRST LOOK活動，也就是拍下新郎初次看到新娘的畫面，可想而知是多麼值得紀念的一刻！我通常會安排一個空曠的場地，新郎站著，新娘從身後緩緩靠近並輕拍新郎的肩膀，當轉過頭看到華麗變身的愛人，有些人會笑地合不攏嘴，有些人則是會流下感動的淚水。無論是哪一種，都是屬於你們之間最珍貴且獨一無二的回憶。

證婚儀式：花童進場

花童總是婚禮上最會心一笑的存在，男孩、女孩不拘，甚至你家的毛小孩也能勝任這一職務。但是我必須提醒你，可不能奢望這些花童們每次都會乖乖地揮手微笑，拒絕前進、跌倒大哭也是常有的事！

證婚儀式：伴郎/娘進場

這麼重要的日子，一定會需要至親好友的陪伴。以台灣的傳統來說，伴郎/娘會以未婚的朋友為主，但只是約定成俗，只要你不在意，習俗都是可以被打破的！ 所以如果你有從小約定好要當彼此伴郎/娘的超級麻吉，就大方地開口詢問他/她的意願吧！

很多新人會問我，如果沒有適合的人選，一定要請伴郎/娘嗎？ 證婚儀式上會使用到的物品，像是手機、戒指盒、誓詞小卡和面紙等都可以交給他們來保管，尤其是新娘禮服通常沒有口袋，很需要這樣的角色來幫忙！ 但如果真的沒有合適人選的話，改由自己的家人保管也是可以的，只是要跟對方溝通好，盡量不要離開你身邊太遠，證婚時也請保留第一排最近的位置給他們。

伴郎/娘的數量沒有特別規定，但別忘了你們雙方決定的數量要是一樣的。伴郎/娘通常會安排一對一對的進場，但有時候碰到朋友不想與不熟悉的異性挽著手，怕太尷尬害羞之類的，也可以在證婚儀式開始前直接安排他們分別站在證婚主視覺的兩側，省去入場的程序。

證婚儀式：新人同步或分開進場

接下來就是重頭戲，也就是你和你的另一半準備盛大入場。一般來說在證婚儀式時，雙方會分開入場：新郎單獨入場，而新娘則由父親牽著進來並將女兒的手交給負責照顧人生後半段的另一個人。但老話一句，這些都是可以隨著新人雙方不同的家庭狀況來做調整的。有些新娘改為媽媽陪同，有些新娘則是由從小最景仰的長輩帶領著入場，我認為只要順從新娘的內心來安排，就是最好的人選。

交手橋段可以說是證婚儀式的第一個高潮。新郎獨自緊張地等待著，新娘則嬌羞地緩緩走進來⋯⋯。當交手的那一刻，三個人彼此眼神交換，訴說著無盡的話語。「從此以後，我寶貝就交給你了。」交手前的擁抱和不捨的淚水都是我見過婚禮上最感人的影像紀錄之一。

常有新人告訴我，不想要那麼感傷的氣氛，爸爸媽媽也不想出風頭，能不能雙方彼此牽著手歡樂進場就好？當然可以！這麼多年我一直印象很深刻，有對新人他們蹦蹦跳跳地走進來，甚至跟每個鄰近走道的賓客擊掌，一個婚禮進場瞬間成了星光大道簽名會似的，可愛又活潑的氣氛就是他們獨特的婚禮風格，有何不可？

不管有沒有交手的橋段，你和你的另一半都將一步一步走向證婚儀式的主視覺，在親友的見證之下，許下人生中最重要的承諾。

證婚儀式：交換誓詞

誓詞要寫什麼才好？恐怕從決定要舉辦證婚儀式那一刻起，新人就開始煩惱了。不過，請相信我，越靠近婚禮的那一天，有著這段時間以來兩個人一起籌劃婚事的酸甜苦辣，你和你的另一半絕對會文思泉湧，所以不必太擔心。

誓詞可以是承諾、是感謝，也可以是對未來的期待，題材就在你們的日常生活中。一輩子就這麼一天，放下你的偶像包袱與羞澀，盡情地向另一半表達最深的愛意。

哽咽、落淚或是忍不住的笑意都是最自然的一面，不要過度緊張而弄僵了表情，呈現出你最真實的感受。如果看見你的另一半哭了，請記得幫忙提醒身邊的伴郎/娘、親友或是主持人遞上面紙，輕輕地沾乾臉上的淚水，可別胡亂抹一通而弄花了妝容！

證婚儀式：交換戒指

互相為對方戴上象徵永恆的戒指，也是不可多得的珍貴畫面。一般來說，在證婚儀式時交換的是對戒，而鑽戒則是求婚時使用的。有些新人可能會改成新娘戴鑽戒，新郎則戴相似款式的戒指，這也是可以的。如果想讓兩種戒指都在婚禮上亮相的新娘，建議在進場前就先戴上鑽戒，交換戒指時再套上屬於自己的那一隻對戒即可。不過請注意兩者的款式要可以互相搭配、顏色不要太過違和。

如果時間許可，建議在正式開始之前先進行彩排。除了熟悉進場路線之外，也可以在這時先行捕捉一些經典畫面，像是交換戒指就是其中之一。避免在正式婚禮進行時，現場氣氛正好，婚禮攝影師卻突然喊：「這邊停一下～ OK ！ 很好！」整個場面就突然尷尬地安靜下來。利用彩排時間，攝影師可以盡情地從各個角度拍攝想要的畫面，也不會打擾到正式婚禮的流程進行。

證婚儀式：親吻新娘

到了儀式的最後也是最高潮，蜻蜓點水、法式舌吻，就隨當天的氣氛吧！ 在親友鼓譟下，再來一次安可KISS也未嘗不可！

有些人可能對於在大家面前表現親密這件事感到不自在，我也有遇過新人就接著前面的橋段，以展示成對戒指來做替代，只要雙方溝通好且有共識就沒問題。

證婚儀式：禮成

這裡的禮成指的是證婚儀式正式完成，有些新人會選擇略過禮成活動就直接退場。不過如果你有參加過一些朋友的海外證婚儀式，通常在這個時間點會搭配簽署結婚書約或倒沙等活動。我認為倒沙儀式的象徵意義很適合婚禮，拍起來的畫面感也比較漂亮，結束後還有個裝飾品能帶回家！

倒沙活動是由新人雙方拿著不同顏色的沙子，同時倒入準備好的瓶子中，會依照兩人不同的力道與時間點隨機層疊成美麗的圖案。這個沙瓶是只屬於你們獨一無二的圖案，也象徵你們的未來將是緊密生活在一起，誰也無法將你們重新分開。

互動時間：退場

這裡的退場是指從主視覺區經由走道步行回到入口，也就是進場的相反路線，退場同時也代表著證婚儀式完美結束。這裡可以設計讓賓客共同參與的慶祝活動，灑花瓣可能是最常見的。

另外，也有新人使用吹泡泡、拋彩帶或拉彩筒等替代方式，拍起來畫面一樣很好看！

互動時間：拋捧花

捧花是傳承幸福的代表，能帶來好運的力量超乎你的想像！ 如果證婚儀式在戶外舉行的話，拋接捧花應該是第一選擇。但如果出列的人數太少或是場地受限（空間狹窄或地面高低不平）而有安全上的考量，則可以改用抽捧花的方式。可以請花藝師或專業主持人協助捧花緞帶的固定以利參加者抽取，相信他們都會很樂意幫忙。

不管是哪一種方式，要把這些害羞的人選們叫上台多少會有點難度，建議事先與朋友告知有這樣的橋段並詢問是否有意願上台，比較不會影響到流程進行。若單身且願意出列的朋友不多，我建議使用指定人選的方式：如果你有個總是遇不到好對象、卻又很想談場戀愛的好朋友，講講你陪她走過的情傷日子並親手將你最深的祝福轉交給她，相信對方一定會非常感動的。

有些新人會問我，如果在這時間點把捧花送出去了，接下來整場宴客餐敍不就沒有捧花拿了嗎？ 我認為在接下來的時間裡，新娘又要用餐、又要敬酒、可能還要跳舞⋯⋯，其實雙手能一直拿著捧花的時間很少；另外，用餐接近尾聲時現場也比較凌亂，選在此時拋捧花的畫面沒有在證婚儀式時先拍攝來得好看。但真的很介意的新娘，也可以另外準備同色系的小花束來進行捧花傳承即可。

互動時間：合照

合照時間可以依照後面的活動做調整。如果當天還會接著進行宴客餐敍，那新娘可能需要長一點的時間做換裝準備，就可以將合照時間縮短甚至不進行合照，給賓客自由時間在儀式會場拍照留念並享受接下來的雞尾酒會。

宗教證婚儀式：特殊流程

如果你們雙方或有一方有受洗，希望舉行帶有基督教色彩的證婚儀式，那麼流程規劃上會有大量引經據典的橋段，像是由教友協助讀經和獻唱（現場可能要配合設置相關的樂器，如演奏琴等），並由牧師進行整個流程的引導。

花童、伴郎/娘與新人進場的部分一樣是可以保留的，最大的差異會從交換誓詞這部分開始。一般來說，在較為莊嚴的宗教證婚儀式中，證婚的部分會由牧師帶領著，新人你一言、我一句地跟著念，最後說出經典的「我願意」這句話。至於會不會念自己寫的誓詞？這就要看新人各自與所屬的教會怎麼溝通了。我也有遇過新人將流程稍作修改後念出自己寫的誓詞，只是因為他們認為牧師在這橋段時若站在兩人中間有些尷尬，所以在詢求牧師與教友長輩同意之後，將牧師的講台位置稍做移動以符合新的流程與需求。

最後的互動時間大致上沒什麼差異，教友們通常互動非常熱絡，也很願意為所屬教會舉辦的婚禮提供協助，在籌備上會輕鬆許多。

迎賓時間：雞尾酒會

現在許多婚禮場地都有提供雞尾酒會的包套內容，像是簡單的茶水與點心給提早前來的婚禮賓客享用。一般來說點心份量不多，以切片蛋糕或餅乾類較常見；飲料則是以茶類、開水和果汁等非酒精性的品項為主。如果想要提供賓客更豐富的選擇，請事先詢問你的場地廠商是否有相關的規範限制？像是某些五星級飯店有特殊規定：若新人自帶餐點會要求簽署食品安全相關的合約，酒類則是需要額外的開瓶費等。這些都必須讓你聘請的餐飲廠商來居中協調，當天才能順利進場。

可以依照當天的整體婚禮視覺設計來客製雞尾酒會的內容，像是陳列漂亮又精緻的馬卡龍與杯子蛋糕等甜點，再搭配主題色系製作各種繽紛又解渴的飲料，大大滿足親友的味蕾！

宴客餐敘：新人同步或分開進場

如果證婚儀式時已經進行過交手橋段（詳見P.107），那麼宴客餐敘時就可以選擇不再重複，直接安排兩人手牽手進場。花童和伴郎/娘也可以安排再走一次，一樣為新人的進場暖身。

另外就像前面所提到的，台灣的宴客餐敘中爸媽的朋友很可能會占多數，有些新人也會為此特地再進行一次交手橋段。有些新人選擇安排爸爸媽媽兩個人一起跟自己手挽手進場，畫面溫馨可愛，也讓他們重當一回婚禮的主角！

若選擇兩人同步進場，你和你的另一半可以跟大家揮揮手，用餘光找找你們的好朋友、跟他/她擠眉弄眼一番、甚至停下腳步來握手擁抱都可以。不同於證婚儀式較為莊嚴溫馨，給賓客來個炒熱氣氛的開場吧！

宴客餐敘：邀請雙方至親長輩致詞

這個流程是為了因應台灣的傳統習俗而加入的。在台灣，除了雙方父母之外，還會另外再邀請新人工作上的長官上司或知名政治人物（尤其在選舉期間）也一同上台致詞。這樣做的原因有一部分也是彰顯主人家的背景家世，不得不慎重安排，以免失了禮數。

如果不可避免地需要邀請上台的貴賓眾多，加上致詞的速度與長短可能很難控制，很多賓客在台下可能餓壞了⋯⋯。我建議在進場前先請場地廠商上一到兩道菜，採自助餐點的婚禮則是可以先短暫開放一輪取餐，這樣可以避免整體致詞時間過於冗長而引來賓客的抱怨。

最後溫馨提醒一下，任何致詞都有可能帶來猝不及防的眼淚，衛生紙一定要準備好，千萬不要忘記了！

宴客餐敘：倒香檳塔或切蛋糕

在傳統的西式婚禮中，切蛋糕的流程是接近宴客尾聲才進行的，切完會當作甜點分給賓客。在台灣，倒香檳塔跟切蛋糕多半會做為開席前的活動讓新人二選一。基本上倒完香檳接著舉杯開席是比較順的做法，若你的宴客餐敍場地在室內，我會建議在開席前使用香檳塔而把切蛋糕的儀式保留到後面進行；但如果場地在戶外，香檳塔的杯子可能會被風吹的亂七八糟而不方便執行，若有破損更可能影響到現場賓客的安全，以切蛋糕來做替代會是最好的選擇。

幾個小撇步告訴你：不管是倒香檳或是切蛋糕時，新郎是主要支撐酒瓶或刀子重量的人，新娘只需輕輕托著即可，手也千萬不要抬太高，拍出來的畫面手臂線條才會好看！

宴客餐敘：舉杯開席

完成倒香檳塔或切蛋糕後，新人與剛剛致詞的至親長輩們一同舉杯並宣布宴客餐敍正式開始。

舉杯大多使用紅葡萄酒、香檳或氣泡酒。有個特別要注意的，那就是如果舉杯的貴賓中有人不能喝酒的，一定要提醒場地準備葡萄汁或氣泡飲料做替代。如果怕忙中有錯，全部人都改喝替代性的軟性飲料也是可以的。

開席之後，新娘如果需要換下一套禮服與造型，可以先行離席；如果沒有，就可以入座主桌稍作休息並享用餐點。每次換裝大約需要30-40分鐘左右，請事先與你的婚禮造型師確認準備的時間並排入流程中。

互動時間：播放暖場影片

二次進場前，可以藉由播放影片來重新吸引賓客的目光，聚焦到接下來的流程。影片內容可以使用兩個人小時候各自的青澀模樣、交往時的甜蜜合影、拍攝婚紗或求婚時的側拍片段等，都是很好的素材。大量的照片串流加上簡單的文字其實就很足夠，若希望影片能夠更加精緻的新人，也可以向你的婚禮團隊詢問是否有推薦的廠商可以協助製作。

互動時間：二次進場

二次進場基本上都會搭配一些有趣的互動流程，台灣早期的婚禮常見的是沿路發放小禮物，但後來大家就不太喜歡這樣做了，理由是賓客為了爭搶禮物而讓現場變得有些混亂。發小禮物的傳統則演變為準備一份一份的小伴手禮，並在婚禮開始前直接擺放在餐桌上。

你是不是正在苦惱要如何規劃二次進場呢？若有表演欲的新人，可以特地練唱一首情歌，緩緩地邊唱邊進場，讓現場的賓客感受到專屬你們倆的甜蜜氣息；如果宴客餐敍的尾聲沒有特別安排跳舞活動（詳見 P.126-127），這時候可以編排一小段搭配音樂的獨舞或群舞，也就是指由新人兩個或與好朋友們共同完成的舞蹈表演，一路跳到台上，再來個華麗的結尾動作，絕對讓現場的氣氛嗨到最高點！

近來流行在二次進場時搭配敲敲杯活動。賓客拿著酒杯在走道兩側列隊，新人同樣拿著斟滿的酒杯進場並逐一與人龍碰杯。Cheers ！ 攝影師拍到的畫面非常優雅，還帶有清脆的敲杯聲響，同時還可以取代原有的逐桌敬酒而讓流程更加簡短，不管賓客人數多還是少都適用，是我會特別推薦給新人的二次進場活動之一。

互動時間：新人致詞並再次舉杯

二次進場後，這時候終於輪到你和你的另一半對賓客說說話了。相較於證婚誓詞是屬於彼此的對話，這時候的致詞則是你們想對賓客說些什麼。語畢再度邀請賓客一同舉杯，感謝大家參與你們這人生中最重要的一天。

如果賓客有想要致詞的，也可以安排在這時候。如果有些人害羞不好意思上台，也可以選擇將麥克風交到用餐區，在賓客自己的位置上講話即可，但要注意現場音響設備的配置是否能支援。

在P.121有提到，若前面沒有進行切蛋糕流程的新人，可以在致詞後接著進行。

互動時間：跳舞活動

相信大家都有聽過「第一支舞」這個活動，由新娘與父親手牽手一起跳舞作為基礎，在父女共舞後再將舞伴的位置交給新郎，在意義上相似於證婚儀式時的交手橋段。

想要挑戰自我的新人，可以請你的婚禮團隊推薦編舞老師；如果不想太為難自己，上YOUTUBE查查基本教學，只是踏著簡單舞步也很棒。浪漫溫柔、活潑輕快都可以，最重要的是放開來跳，展現自信的一面，就是最完美的表演！

在傳統的西式婚禮中，宴客餐敍一定會特別預留舞池的位置，在婚禮尾聲時賓客全都會下來一起跳舞，隨著音樂擺動身體，盡情釋放壓力。在台灣比較沒有這樣的文化，很多場地也根本無法空出一塊足夠的空間作為舞池，如果喜歡跳舞的新人，多半會在二次進場時改以表演的方式來進行（詳見P.124）。

禮成時間：送客合照

這也是台灣婚禮特有的習俗：送客到門口。相信大家對新人提著一個小籃子，在會場外頭與賓客握手致謝並發送喜糖的畫面應該很熟悉，賓客也都習慣對新人說聲恭喜並拿顆糖果沾沾喜氣。

因應這樣的禮俗，台灣的婚禮大多會在場地門口設立一個拍照區域做為迎賓送客之用，大多採用背板的形式（詳細的佈置介紹可以參考P.77）；若沒有特別設置拍照區，選擇較為空曠且背景乾淨之處也是可以的。這部分可以與你的婚禮團隊討論，尤其婚禮攝影師的意見極為重要！

如果你想在送客前再更換其他的禮服與造型，一樣請事先與你的婚禮造型師確認準備的時間並排入流程中。

在傳統的西式婚禮中，新人在婚禮最後很少是清醒的，通常是醉醺醺地搭上禮車準備直接出發去度蜜月！ 若你採取戶外婚禮的形式，可以在離開時安排一個歡送的活動：賓客們手持點燃的仙女棒，新人手牽手穿過兩列人群中離場，畫面相當漂亮且浪漫。但仙女棒活動只能在晚上進行，若是在中午進行宴客餐敘的新人，則可以採用放飛氣球的方式取代。兩種方式都務必事先確認婚禮場地所在的區域是否允許。

婚禮音樂

不知道大家有沒有聽過「自帶BGM」這個新興流行語呢？意思是指當某一些動畫或電影中的特定角色登場時，會隨之響起的配樂（BGM就是BACKGROUND MUSIC的簡稱），所以聽到音樂就想到人，看到人就彷彿音樂在耳邊響起一般。不知道在你的想像中，屬於你的婚禮BGM會是什麼樣的呢？

前面講完了西式婚禮在台灣的婚禮流程，相信你已經有了初步的概念，接下來可以把創造婚禮BGM的任務交給專業的婚禮主持人。主持人除了帶領流程之外，依照你們設定的婚禮調性推薦適合的音樂，並為每一段流程與活動設定配樂切點也都是他/她的專業領域。他/她專屬的高低音調和每一個抑揚頓挫都深深地影響了新人與賓客的情緒起伏，讓整場婚禮彷彿是一部令人又笑又淚的浪漫電影。

隨機應變也是我認為專業的婚禮主持人所必須具備的能力之一。即使經過無數次的彩排，婚禮舉行的當下，有很多突發狀況都是無法預測的，當然也不能喊卡重來一遍。這時候靠著主持人的妙語如珠，能輕鬆化解原本可能的尷尬氣氛，甚至讓賓客誤以為是安排好的橋段！這都是需要經過無數次的主持經驗所孕育而成的應變能力。像婚禮這種一生一次的重要時刻，可想而知你會需要他/她的幫忙。

偷偷告訴你一件事，在大多數傳統的西式婚禮中是沒有「主持人」這個角色的，你是不是很驚訝呢？正如前面所提到的，傳統的西式婚禮流程較為簡化，跟台灣的喜宴中新人頻繁地進場和換裝的忙碌印象不同，新人多是悠閒地端著酒杯與賓客交談，將時間留給遠從世界各地前來的至親好友。證婚儀式時可能會由特別熟識或場地提供的神職人員幫忙帶領；而宴客餐敘則是盡情地吃飯喝酒，直到接近尾聲時才會有親友簡短致詞的橋段，所以基本上都不會聘請所謂的專業主持人。

那你可能會有疑問：沒有主持人，怎麼創造屬於自己的婚禮BGM呢？靠的就是音樂本身了。婚禮DJ與音樂播放清單、現場樂手演奏，都是新人的好幫手。

雖然說DJ/樂手一般來說不會兼任主持人，但隨著每個音樂演奏段落的開始與結束，會自然地將婚禮流程區分開來。在第一次開席後，用餐時間多半是以輕鬆優雅的音樂為主；二進之後，音樂會逐漸加快節奏，最後接到跳舞時間嗨翻全場！每位DJ擅長的曲風都不一樣，現場演奏則因為主唱的性別、音色與搭配的樂器而產生不同的風格，建議請你的婚禮團隊為你推薦最適合這場婚禮氛圍的組合。

無論最後選擇哪一種方式來創造出你的婚禮BGM，請事先確認場地有提供哪些音響相關設備、是否能順利與DJ/樂手們自行攜帶的機器對接，並至少提供1位的現場音控人員協助操作；如果沒有的話，也可以向你的婚禮團隊尋求人員與技術支援。

親友協助工作

除了前面所提到的伴郎伴娘（P.105-106）之外，還有許多婚禮上的工作需要親友協助，建議可以在籌備初期就先想一下是否有適合的人選可以勝任。首先是招待。招待人員可以說是婚禮上的最佳助手，在新人忙於換裝或正式流程進行時，代替主人家跟前來參加婚禮的賓客寒暄、協助帶位等。若是婚禮人數較多，招待人員建議有2-3位，其中一位主要負責的稱為總招待。總招待建議由新人的兄弟姊妹來擔任，因為除了自己本家的親戚之外，也較有機率與新人的好友同事們相熟識，可以照顧到最多的與會賓客。另外，總招待通常也是當天所有服務廠商的窗口，所有瑣碎的雜事、突發狀況在讓新人煩心之前，可以先透過總招待來初步過濾並嘗試協調，這樣也可以避免新人在婚禮上一直被瑣事打擾而無法好好享受婚禮。

除了招待人員以外，還有一項需要親友協助的工作，那就是收禮。在台灣的婚禮習俗中，收禮人員會在簿冊上確實記載每位與會親友的姓名與禮金金額，除了留存作為記錄之外，也是日後對方家有喜事時回禮的依據。扣除掉伴郎伴娘以及上面所提的招待人員，如果已經沒有適合的親友人選，收禮人員也可以找信賴的職場同事來擔任。

伴郎伴娘、招待與收禮人員有可能因為忙著執行新人交辦的工作而錯過了部分精彩的流程，甚至沒能好好坐下來享受婚宴餐點，婚禮後別忘了給這些親朋好友準備個小禮物或小紅包，慰勞一下他們的辛勞吧！

常見Q&A

Q 請問西式婚禮獨有的活動還有哪些呢？想知道更多！

A 來來來！不藏私大分享！

1. Bridal Garter Belt（新娘襪帶）：這是源自於傳統西方婚禮習俗中，認為從新娘身上分走一些物品會帶來好運。現在延伸為由新郎將新娘的襪套脫掉並丟給在場的男性們，就像捧花傳承幸福一樣，也是象徵帶來好桃花。脫襪套的方式，說起來可就有點害羞了，新郎必須用嘴巴且不能用手輔助把它「咬」下來！如果是以平輩為主的婚禮，是可以考慮的小遊戲之一。

2. Shoe Game（鞋子遊戲）：其實就是快問快答。之所以叫鞋子遊戲，是因為新人必須脫下鞋子（顏色與款式差異要明顯，像是鮮豔高跟鞋＆深色皮鞋）且兩人各執一隻。在回答題目時，如果要選新娘就舉起高跟鞋，反之則舉起皮鞋。通常題目會比較辛辣一些，像是誰先追誰或是吵架誰會先低頭等。跟前一個襪帶遊戲一樣，如果是人數少的平輩婚禮，玩起來會蠻有趣的；但萬一是長輩居多的場合，比較難帶動現場氣氛，而且有些題目也不方便問，建議可以改成全場搶答的手機連線遊戲，較能讓大家都有參與感！

3. Bridal Party（單身浴袍派對）：婚禮的前一晚或是婚禮當天早上，可以與好姊妹們一起穿上訂製的同款不同色浴袍，開幾瓶酒在飯店房間邊喝邊聊，享受最後的單身時光。因為都是女生，可以玩得更瘋、更無拘無束！

Q 我的婚禮沒有規劃太多流程，一直猶豫到底需不需要請主持人？

A 真心話跟你悄悄說，看完再決定！

1. 專業的主持人除了帶領流程之外，也會帶動氣氛。以台灣來說，與會的賓客通常比較害羞，拍手歡呼這些聲音和動作都會比較小，除了影響現場氛圍之外，照片的效果也會不如預期。這些都是你要考慮是否聘請主持人的隱藏因素。

2. 若參加的賓客都是以平輩為主，彼此之間也都是熟悉且互動頻繁的，那麼可以考慮詢問職業常需要說話且不怕上台的親友人選，例如業務、老師等，由他們來帶領當天的流程。也許因為非專業，主持過程中難免有小失誤，但是有些揶揄新郎新娘的玩笑話卻也只有他們能說，可以讓整體氣氛更加溫！

3. 若要挑選專業主持人，建議可以先請對方提供相關的影片或錄音檔，確認聲音和主持風格是你們喜歡的。如果對流程與活動沒有太多想法，專業主持人通常可以給出很多好的建議，甚至針對你們的整體婚禮視覺設計規劃出相對應的活動，賓主盡歡。

4. 我常遇到新郎覺得自己好像很閒（不用一直換衣服），就自告奮勇想要兼任主持人。但你沒想到的是：當天可能會忙著與親友寒暄、合照，甚至被灌醉！ 如果較多長輩賓客的婚禮，為了避免失禮，建議還是不要身兼多職比較好。

Q 詢問了幾個喜歡的DJ/樂手演奏，價格有很便宜也有很貴的，可說是天壤之別，我該怎麼選擇呢？

A 報價的差異性讓我來一一說給你聽！

1. 首先，報價中有沒有內含音響和喇叭等電子設備會是最大的差異。有些新人會說：「但我的場地已經有提供音響了！」我必須提醒你，有的DJ/樂手為了確保表演的品質，會習慣使用自己熟悉的設備；如果你喜歡他/她的風格與演出，也請尊重屬於音樂家的堅持。有些場地本身有常駐的樂手演奏，如果想省預算的話，可以透過場地廠商與樂手接洽，就省去中間溝通設備的過程，而且長期配合的價格相對也會低一些，是你可以參考的好選擇。

2. 記住一個原則：表演人數多一定比人數少來得貴。一般來說，婚禮標準的樂手演奏規模以4-5人制為主，也可以減少到3人、甚至雙重奏。如果想請多人制樂手演奏，建議透過經紀公司來接洽會比較有保障，如果其中一個或多個樂手臨時有狀況不能出席，可以很快地調度其他人前來支援，不至於讓現場開天窗。

3. 呈 2，單人演奏則比較適合100人以下的小型或微型婚禮，最常見的是樂手帶著吉他自彈自唱的表演。許多小有名氣的街頭藝人也有在接婚禮的演出，不妨到各地的著名商圈或觀光區碼頭尋找你喜歡的聲音！

聽聽專家怎麼說

主持人Masa

瑪莎計畫婚禮顧問創立於2016年，以「劇場式管理婚禮」為其特色，為新人營造歡樂感人的氛圍。若拿婚禮與劇場來相比，前置作業都相當重要，每一個環節都馬虎不得，對於一生只有一次的「婚禮」而言，當然得比劇場演出更要求完美。

團隊總監瑪莎本身是劇場表演科系畢業，從2006年開始接觸婚禮主持工作，主張婚禮應該有更多元的呈現方式，不只是敬酒吃飯或是華麗排場，瑪莎更在意人與人之間的情感流動，愛情、親情與友情皆是團隊想更關注的焦點。若婚禮能成為一場別具意義的派對，無論繁華或簡約，最重要的是帶著喜悅的心，讓每一個時刻都成為生命中永恆的記憶。

台灣的傳統流程如何與西式婚禮結合？有沒有特別推薦的活動流程？

就傳統的婚禮流程而言，大家比較熟悉的有新人進場、換衣服開始敬酒、最後新郎新娘拿著喜糖籃子拍照送客等，這樣的婚禮習俗與框架已經成為台灣既定的婚禮結構與狀態。而電影中會出現的西式婚禮畫面，包含交換誓詞、交換戒指、切蛋糕、跳舞等流程，這些都是由片段影像帶給台灣觀眾的美好憧憬，從既定的婚禮結構中融合西式橋段也漸漸演變成台灣婚禮的常態。主持人需秉持婚禮初衷並恰到好處地融合中西方的婚禮優點，在流程編排上會讓新人與參與的賓客們更加印象深刻，進一步產生共鳴與發自內心的喜悅。

無論你決定採取傳統、純西式還是中西式流程融合的婚禮，每一場婚禮的時間約莫兩到三個小時，要在這短短的時間內讓賓客感受到各種情緒，流程安排就如同劇作家在編寫劇本一樣，必須有起承轉合，有豐富經驗的主持人可以像細細述說一個故事一般，適當地將人物性格與角色背景安排進腳本中，展現過人的主持功力。

一場稱之為「好」的婚禮，一定要將愛情的元素放入婚禮中，而最好闡述愛情的溫暖流程即是交換誓詞。靜下心來好好地告訴對方或許從未說過的愛與謝，會是在整場婚禮中最動人心弦、也是最記憶深刻的橋段。

印象最深刻的主持案例

回顧十幾年來的主持職涯，最容易讓人感動的還是親情，許多關於家人的故事都會讓瑪莎記憶在心。

曾經有一場婚禮，在與新人討論流程安排時提到感謝父母的橋段，新郎才告訴瑪莎說自己的爸爸在他年幼時意外去世，而媽媽在婚禮前一年也因病離開這個世界，接著淡淡地說：「媽媽是我的人生中最最重要的人。」有點遺憾自己的父母親都無法看到他結婚的這一天。雖然是略帶輕鬆的口吻說著這段過往，但瑪莎知道在新郎心中，對親人的愛與思念是永不止息的。左思右想，請新郎私底下特地寫一封信給天上的媽媽，與她分享結婚的喜悅，也盡情地寫下其他想對她說的話。

婚禮當天，瑪莎偷偷地在證婚儀式中安排一小段時間，請新郎看著天空念出這一封信的內容，背景音樂則搭配媽媽最喜歡的歌曲。相信所有參與婚禮的人都會深深地記得當時的情景，一個男孩子用他最溫柔的方式紀念著他這輩子最重要的親人，新郎、新娘與所有賓客那些暖暖的眼淚是瑪莎主持職涯中永遠不會忘記的回憶。

聽聽專家怎麼說

the URBAN

賀 本 音 樂 設 計

賀本音樂設計

賀本音樂設計團隊成立至今已邁入第十五年，專職於婚禮樂團、商業演出與品牌形象表演。創辦人Penny本身為演奏資歷近20年之音樂家，對樂團質感、整體視覺及現場氛圍呈現的要求自然相當高。團隊擁有企業誠信的本質之外，親切友善的服務態度以及國際化的內涵，多年來收到眾多國際精品、品牌活動、集團企業主、知名藝人、當紅部落客、跨國企業、基金會、商會等的喜愛。

如何推薦與規劃樂手組合

首先，了解新人喜歡什麼樣風格的音樂這件事非常重要。有的新人喜歡爵士，有的新人喜歡古典，在不同風格的音樂中都會有不同種最適合的樂團編制組合。再來我們必須考量每對新人在樂團這個項目的預算上限。一般樂團常見的樂器有：和聲樂器、旋律樂器以及低音樂器等，如果以婚禮上最常見的四人爵士風格樂團表演來說，編制會建議有歌手、和聲樂器—電鋼琴、旋律樂器—薩克斯風以及低音樂器—低音大提琴等。

最好的音樂是舞台上每個表演者那與生俱來的樂音情感互相碰撞而譜出的火花，選定風格與樂器之後，最後一步則是如何規劃最終的樂團組合。每一位歌手與樂手所經歷的音樂時空背景都不盡相同，這時就需要一個專業且有多年經驗累積的團隊來判斷哪幾位樂團成員一同演出才會呈現出最精彩且最完整的音樂饗宴。

印象最深刻的表演案例

記得團隊曾經遇到一對很特別的新人，他們平時的興趣就是聽音樂會，所以想把兩人最愛的樂章一同分享給所有賓客。他們沒有拍攝婚紗照，也沒有進行繁複的活動流程，卻特別仔細地印製了婚禮當天的音樂演奏節目單，就是希望讓賓客在這場婚禮中很純粹地享受音樂的洗禮和美食的熏陶。

在婚禮中有指定演出的曲目很常見，但是這組好品味的新人所指定的曲目不但多且非常「行家」，團隊戰戰兢兢地接下了這個重責大任之後，開始仔細地籌備相關表演事項。

雖然不是大型編制的弦樂團，但是這次團隊安排參與演出的樂手老師們都大有來頭，各個身經百戰、經驗豐富還具有超高學歷，經過多次的團練、調整曲目順序與時間的規劃，終於到了婚禮演出的這一天。現場不只賓主盡歡，連團隊老師們表演起來也特別起勁，有了現場音控人員專業細緻的收音，內行的新人甚至可以聽出老師們每個尾音細心的處理。這樣高水準的演出除了獲得所有賓客熱情的掌聲，更連連讚譽簡直是售票音樂會的等級，最重要的是新郎新娘露出了滿意的笑容，此時此刻所有老師們付出的辛勞都有了代價。能順利為這對好品味的新人留下最棒的婚禮音樂回憶，也是對我們團隊最大的肯定。

CONCERTO
Trumpet in B♭
Allegro con brio

Happy Note

5

婚紗禮服

婚禮當天新娘所穿的服飾與鞋子

試穿才知道：沒有最好只有最適合

相信每個新娘都希望在婚禮那天驚艷四方。在各式各樣的婚紗禮服中，怎麼樣找到屬於你命定的那一件呢？

婚禮上所使用的白紗和禮服可能是你這輩子穿過最隆重且做工最繁複的高級服飾，大部分的新娘都很難在一開始就知道自己適合什麼樣的款式。經過不斷地收集圖片、實際走訪試穿、回家思考又再次試穿，似乎還是很難下決定。

我認為婚紗禮服就和日常穿搭一樣，彰顯個人特色與優點是很重要的，但確實有些新人希望能在婚禮上挑戰和自己平常截然不同的風格，像是俏皮可愛的女生選擇了較為性感成熟的款式等。無論選擇何種風格，不要忘記穿上這件婚紗禮服的每一刻你都要是更有自信且享受的，否則雖然衣服很漂亮、但你可能會因為彆扭而無法好好享受自己的婚禮。

在婚禮的前六個月左右可以開始預約心儀的婚紗公司，若在婚禮前有婚紗拍攝計畫的新人則可以提前開始準備。在試穿之前，建議可以從該公司的社群發文中截圖一些喜歡的婚紗禮服款式，實際到門市時方便服務人員快速掌握你喜歡的風格。大部分的婚紗公司試穿都是免費的，但可能會有件數上限，少數會針對進口的精緻婚紗系列設定試穿費。除了試穿你指定的款式之外，服務人員也會依照你的身形來推薦適合你的婚紗禮服，請不要猶豫，以開放的心情去試看看，說不定會有意外的驚喜！

以下提供你一些試穿的小訣竅：首先要穿著淺色系的內褲，白色、裸膚色或淡灰色都是可以的；攜帶合適尺寸的Nubra，如果不會使用的話，請不要害羞，讓服務人員幫忙；如果可以的話，從好朋友中找一個擅長拍照的人作陪，讓她/他幫你記錄每套婚紗禮服穿起來的樣子，回家之後才好跟親友以及你的婚禮團隊交換意見。

一般來說，白紗適合首次進場，而其他類型的禮服則是可以在二次進場與送客合照等活動時使用。如果搭配西式婚禮的活動流程來說，有些新人則會準備兩套白紗，分別使用在證婚儀式與宴客餐敘的首次進場活動，有的則是選擇穿著同一件婚紗但更換不同的髮妝來呈現不一樣的風格。以往新娘大多會刻意在進場以外的活動時選擇其他色系的禮服，但近來也越來越多人在婚禮全程中都穿著最具代表性的白色婚紗，以有明顯區隔的不同款式（像是澎裙、魚尾、A-line等）來進行不同的活動流程。

如果你決定要向婚紗公司租借喜歡的婚紗禮服，下訂前務必與婚紗公司確認租借品項與相關規則，包含選定的款式、贈送或加購的配件、

租期長短、訂金費用、是否收取押金與其費用、最後量身與取件日期、尾款付費方式、歸還後衣服損壞賠償認定與其費用、押金歸還日期與歸還方式等。有一個特別需要注意的條款，下訂後是否接受換款以及是否需要另外收費，也就是假設你在下訂時選擇的是A、B、C三件婚紗禮服，但在籌備婚禮的過程中可能因為地點變更、活動流程增減或單純改變心意而想更換款式為D，這算是很常見的情形，請務必確認清楚換款相關規則並記載於合約中。

大部分的婚紗公司都會為特定款式的婚紗禮服準備相稱的配件，像是頭紗、腰帶、披肩等，在試穿時可以請服務人員幫你搭配並拍照看看效果是不是你喜歡的，如果喜歡的話可以一起租借，至於配件是免費提供或是需要加購，也請務必確認清楚並記載於合約中。

如果沒有看到喜歡的配件也不用擔心，以試穿的側拍照片為基礎來跟婚禮造型師進行溝通，看看他/她是否有更合適的配件可以提供給你。另外，透過飾品的搭配，像是頭飾、髮簪、耳環、項鍊等，也可以與婚紗禮服互相襯托出最耀眼的風采。

到了約定好的婚紗禮服取件時間，除了試穿尺寸是否與你現在的身形相符之外，也要仔細檢查衣服上是否有破洞或污漬，有的話趕快向現場的服務人員提出並請他們處理，也務必拍照處理過後的衣服現況作為紀錄，以免在歸還時發生爭議。

如果你鎖定的是特殊款，像是古董蕾絲婚紗、褲裝婚紗等，因款式有限，建議在預約試穿前先打電話詢問衣服是否有在店，以免白跑一趟。假如在試穿了多家婚紗公司的禮服之後，還是無法找到喜歡的婚紗禮服，這時你可以考慮使用全訂製或半訂製的方式來打造屬於你命定中的那一件嫁衣。

全訂製就是從小細節開始設計你的婚紗禮服，從小到大、每一塊布料都由設計師與你討論後才進行手工製作。第一步會畫出設計稿，勾勒出雛形並寫下預計使用的布料；接下來會開始製作胚衣，也就是有點像半成品的方式，先讓你試穿，確認大致的感覺與尺寸是否正確；期間不斷地來回修改討論，可能會經過多次以上的試穿才會產出最終的成品。半訂製則是以現有的款式下去做微調，像是將某件婚紗的長袖改為短袖，或是背後的魚骨裝飾改為全透紗等等，由設計師或裁縫師跟你討論後定案。採用訂製方式，可想而知會比直接租借現成的婚紗禮服（只修改到合身尺寸）來得昂貴許多。

有些新娘舉行微型婚禮時，會以白色的小洋裝取代正式的婚紗禮服，除了在狹小的場地方便行走之外，之後有場合可以再穿或轉賣的機率也較高，不失為一個好方法。白色的小洋裝到處都買得到，但婚禮上我還是建議要穿著質感與做工較為細緻的款式。相較於只透過照片就在網路上購物，可以鎖定歐美或台灣本地一些在百貨公司設有專櫃的時裝品牌，前往試穿之後如果有需要微調腰圍或袖長等，百貨公司也都設有修改室可以協助。

這章節的最後，我們要談的是婚鞋。挑選上首先要考慮的是鞋跟高度，一般來說台灣的新娘婚鞋都以6-8cm的高度為主，可以讓婚紗禮服的長度落在剛好齊地、也可以拉長身型而讓比例顯得更好。如果穿不慣高跟鞋的新娘，可以先從鞋子前台也有墊高的款式開始嘗試，走起來會相對穩固。身材本身相當高挑或是真的穿上高跟鞋無法走路的新娘，也可以選擇3-5cm的低跟鞋來做搭配，不過請在試穿婚紗禮服時事先告知服務人員，請他們為你推薦合適長度的款式，因為下擺長度一般來説是無法修改太多的。如果穿上不適合長度的婚紗禮服，除了新娘整體比例可能會很奇怪之外，在行走時也會一直踩到自己的裙擺而有跌倒的危險。

婚鞋的款式大多會選擇尖頭鞋。在婚禮中穿著露出腳趾的鞋款，在台灣的習俗來説比較不吉利，所以如果你想以涼鞋款做為婚鞋，請務必先確認長輩的想法後再購買。顏色上則以亮色系為主，像是紅色、粉色、白色、金色、銀色等，若想要更華麗的款式，新娘可以挑選鑲有珠鑽的鞋款。傳統上新娘婚鞋應該要是全新沒有穿過的，所以勢必會花掉你一筆預算，要挑選網路商家購買，還是要到百貨精品專櫃購買大品牌的夢幻婚鞋，就看個人預算而定。

衣服、配件與鞋子都到位了，接下來我們將進入婚禮造型師的篇章，離完美的新娘就只差一步了！

常見Q&A

Q 關於家族中其他女性的服裝，有什麼好的建議嗎？

A 可以透過服裝與造型搭配讓大家都變漂亮！當然新娘還是最美的！

1. 長輩親戚：婆婆跟媽媽勢必是要打點好的！首先一個大原則是：兩方服裝隆重的程度最好要抓差不多，因為雙方父母通常會站上台一起致詞敬酒，避免一方選擇華麗的禮服、另一方卻穿著簡單樸素的洋裝或套裝。如果媽媽們的想法天差地遠，你和你的另一半需居中協調並協助雙方都找到合適且喜歡的服裝。再來是顏色，長輩大多喜歡以亮色系出席婚禮，紅色、金色最常見，另外像是優雅的紫色也是很多媽媽會喜歡的，可以朝這方面去搜尋。

2. 平輩親戚：新人雙方的親姊妹在婚禮當天常 協助擔任總招待或收禮金人員（詳見P.132），也是婚禮上不可或缺的重要角色。姊妹們大多會穿著簡單的洋裝，顏色也是以亮色系為主，不過年輕人可能會偏好選擇白色、粉色。最後記得要穿上最好走路的一雙高跟鞋，因為當天的工作可能會需要一直跑來跑去，顧美麗之餘也要照顧好腳跟！

3. 伴娘：伴娘大多是新娘的好朋友，親姐妹也是人選之一。伴娘服通常會由新娘負責購買，每位伴娘盡量都穿著一樣的款式，顏色則是可以依照婚禮主題去做搭配。鞋子也是盡量統一色系，但可以不必同款。前面婚禮流程的章節中有提到伴娘可能需要進場並站在主視覺兩側（P.105-106），算是很顯眼的位置，所以千萬別忽略了她們的整體造型裝扮。

4. 如果有需要妝髮造型的家族女性們，建議由同一個造型師團隊來統一處理，詳情可見下一章：婚禮造型。

Q 聽說歐美的新娘都會選擇購買自己的婚紗而非向婚紗公司租借，是真的嗎？

A 沒錯！讓我來為你細細說明購買婚紗的各種方式與價格。

1. Couture（高級訂製）：從頭到尾手工設計與製作的高端時裝，也就是我們前面提到的全訂製，會經過製作胚衣與多次試穿才會產出最後的成品。新聞報導中，好萊塢女星安海瑟薇、妮可拉佩茲等就是選擇這種由精品品牌總監量身訂做的婚紗款式。

2. Designer（設計師款）：由知名設計師每季推出不同的設計款，婚紗一樣是手工製作，但會預先將各種不同的尺寸製作好，選購時會從最接近身形的尺寸開始做修改。在台灣，有些婚紗公司也有進口精緻的設計師款婚紗可供租借。這樣的款式除了會設定試穿費以維持衣服的良好狀態之外，服務人員都希望喜歡該款式的新娘可以用購買代替租借，所以設定的租借費用也高到嚇人，甚至接近購買的原價。順帶一提，這些設計師款婚紗無論是直接購買或是租借，都只能提供小幅度的修改，換句話說也很挑人穿，如果有預算且身材管理良好的新娘可以前往該品牌在台灣的通路進行詢問與試穿。

3. Ready to wear（標準婚紗）：非手工製作的固定尺寸婚紗，因為產線統一大量製作，沒有限量的問題。許多你聽過的歐美婚紗大品牌都有推出副線來販售這樣的標準婚紗，兼顧設計感、款式眾多且價格親民，是許多歐美新娘決定婚紗時的首選。

4. Dressmaker（專業裁縫）：許多新娘喜歡設計師款的婚紗卻苦無足夠的預算，折衷的辦法就是請專業的裁縫師協助製作類似款式的婚紗，不過這種婚紗可不是誰都能製作的，因為婚紗的布料很少使用在一般的服裝上面，價格也不便宜，一般的裁縫師若沒有備料就不會隨便接下婚紗訂單。製作的流程首先需提供裁縫師喜歡的婚紗參考圖片，因為同樣是採用全訂製的方式，也會有製作胚衣與多次試穿的過程。用料上可能沒辦法與原參考款式一模一樣，但整體效果應該還是不會差太多的，算是完成新娘美夢的另一種方式。

5. Sample sales（特賣會）：網路上很多新人會分享在美國購買許多一線知名婚紗品牌有多便宜，多半就是在特定的時間前往尋寶（商品大部分都是前面提到的標準婚紗）。特賣會上有許多過季或滯銷品會拿出來做促銷，如果剛好有你喜歡的款式，尺寸也接近你目前的身形，買下來再請裁縫師稍做修改，就是屬於你的完美婚紗。台灣的婚紗公司也會舉辦同樣的特賣會，有興趣的新娘可以多關注該公司的社群發文，才不會錯過時間。

6. Second hand（二手婚紗）：二手婚紗市場在歐美也相當盛行。以前的人總說要將婚紗留給自己的女兒、甚至孫女來一代傳一代，但其實流行的趨勢變得很快，加上現代人的居住空間較為狹小，要收納婚紗禮服實在是一大難題，所以在婚禮後將用不到的婚紗轉賣給下一位新嫁娘也是一個好選擇。在台灣，二手婚紗市場有一大塊是針對古董婚紗，特色是具備精緻的蕾絲與長袖設計。如果你喜歡這樣的款式，台灣也有許多專營古董婚紗的店家，有些甚至有提供租借服務，等著你進一步去詢問與試穿。

聽聽專家怎麼說

唯諾法式婚紗禮服

女人，從平時的衣著就能看見她的品味、她的情調，和她所擁有的自由與驕傲。

婚禮中你的每一個轉身、每一抹微笑、每一個瞬間都會真實地記錄在攝影師與賓客的照片裡，團隊希望站在好朋友的角度幫你把關禮服的每個細節與穿上身的舒適度，讓最適合的禮服陪伴你從內到外勾勒出無法取代的魅力，無論是經過10年還是20年後，當重溫你的婚禮照片時，依舊驚艷當時的選擇！

針對西式婚禮的不同活動有推薦哪些婚紗款式/禮秘如何建議不同新人適合的婚紗

西式婚禮中有很多不同於台灣婚禮的流程，每個流程有各自需要留意的重點。像是以證婚儀式來說，依形式可分成室內或戶外。戶外證婚儀式建議避開大澎裙或超長拖襬，原因是避免禮服看起來過度華麗，與大自然中的花草山海等元素較為違和。最近越來越多新人選擇簡約俐落的緞面元素點綴些許蕾絲作為戶外證婚儀式的白紗禮服，既端莊又不失時尚感。若是舉行教堂或其他位於室內空間的證婚儀式，新娘的禮服就可以加強隆重華麗的元素，比方長袖蕾絲、花苞袖、長拖尾蓬裙、亮片或是珠鑽等，這樣的禮服會為你的室內證婚儀式帶入很不一樣的氛圍。

另外，送客流程是在場賓客留下最多照片的時段，禮服的選擇也有其獨到的地方。像是太過素雅的禮服會讓新娘無法在眾人合照中突顯出來，或是看起來像伴娘而非主角；過度膨脹的裙襬則會讓新郎或賓客為了避免踩到禮服而刻意拉開距離，合照自然會有種疏離感，也是比較不建議的禮服款式。特別提醒一下，送客時賓客也會很近距離地與新娘互動，所以此時的妝髮是否完整就相當重要，務必請你的造型師在出場前妥善為你整理，中間也可以請攝影師協助確認照片中妝髮的完整性，這樣才能在合照中呈現你最美的一面。

每個新娘一定都有自己特別在意的身體部位，以下的整理表格可以幫助你快速找到一些身形挑選的建議。

肩部	
肩膀較寬	忌：背心、澎袖或長袖等明顯切割肩膀區塊的款式 宜：細肩帶、平口或桃心領等將整個肩膀露出的款式
胸骨明顯（過瘦）	忌：細肩帶、平口或桃心領等將整個肩膀露出的款式 宜：圓領或帶膚網透紗等上半身設計，幫助遮瑕柔焦胸骨部位 備註：定點拍攝可藉由角度避開，但宴客活動進行時須特別留意
胸部較大	忌：立體蕾絲等胸前繁複設計的款式 宜：簡約平整貼合的材質與款式 備註：布料越少越顯瘦，減少布料大於身形的機率
胸部較小	忌：軟塌貼合的材質與款式 宜：上半身具立體繁複設計的款式
腰部較寬	忌：抓褶多或澎紗的款式 宜：貼身、具魚骨的款式
小腹較凸	忌：貼身的材質與款式 宜：下半身採 **Aline** 或澎紗的款式 備註：建議穿著美體褲來幫助收縮小腹
臀部較寬	宜：雪紡紗裙的款式 備註：利用垂墜效果延伸接合臀腿落差，延長下半身線條
臀部較扁	宜：多層紗裙的款式 備註：建議穿著假屁褲來增加臀部份量

印象最深刻的服務案例

聖潔、肅靜、莊嚴，是對這場教堂婚禮的第一印象。新娘穿著一襲極其簡約的立領白紗進場，禮服與婚禮現場完全融合的畫面讓團隊人員不由得為之起雞皮疙瘩。在聖歌響起的那一刻，整座教堂應著歌聲起了共鳴，就像是上帝的恩典那樣溫柔地包圍著新人，同時祝福著新人要幸福到永遠。一場婚禮同時有著強烈的視覺與聽覺衝擊，令人動容且難忘。

聽聽專家怎麼說

CH Wedding

CH Wedding經典婚紗始於2004年，由藝人賈永婕一手創辦，從小就對結婚充滿憧憬、懷有穿婚紗的公主夢，所以決定親自開一間婚紗公司。至今已歷經快20年的歲月，始終堅持提供最高規格的婚紗禮服與最細膩的服務品質。

近年來順應婚禮市場的變化，團隊也致力於提供給新人更多元化的禮服風格與價格選擇，除了自家設計的頂級奢華婚紗，也加入了許多適合搭配小型婚禮、款式較為清新典雅的白紗禮服等，不再只是遙不可攀的頂級婚紗公司，而是更貼近每一位新人的需求、以同樣細膩的服務來創造舒適且令人喜愛的婚紗服務流程。

婚紗是一段記憶，
也是每個女孩子的夢。

童話中的公主就是穿著美麗的蓬蓬裙，
永遠都是最美麗的一面。

你現在是公主，請記得你結婚後也要當公主。
你現在被捧在手心上
你永遠也要當被捧在手心上的公主！

新人第一次試穿時如何快速與服務人員溝通想要的風格/挑選婚紗禮服的訣竅

現在網路資訊相當發達，相信絕大多數新人都收集了很多喜愛的圖片來當作溝通的依據，這樣是很好的。但在真正開始到門市挑選婚紗禮服之前，服務人員會先需要新人提供婚禮相關的基本資訊（包含婚禮日期、婚禮地點與形式、賓客人數等），請千萬記得要將這些資訊確認好之後再與婚紗公司聯繫，才能順利地挑選出可提供服務且適合該場婚禮的款式，避免一來一往而錯失了命定的婚紗禮服而感到扼腕。

服務人員首先會瀏覽新人帶來的參考圖片、仔細傾聽新人的需求，接著挑出店內類似的款式來提供試穿。依照新人試穿後呈現的效果與喜愛程度，在版型、布料等細節上做保留或是調整後，慢慢擴大範圍，一起協助新人找到最喜歡的那一件婚紗禮服。當然服務人員也會憑藉豐富的經驗來推薦新人可能與參考圖片完全不同的款式，雖然第一眼可能沒有緣分，上身效果卻可能超乎你想像的好！ 如果沒有時間與件數上的限制，不妨敞開心胸試看看；但如果真的很排斥，也請勇敢地拒絕，畢竟婚禮是非常私密的事情，讓新人感到舒適且愉快才是最重要的，也是團隊非常重視的服務體驗。團隊具備了相當多不同風格的婚紗禮服款式，如果有考慮租借多件以上的新人，相信透過與專業的服務人員充分溝通與上述的試穿訣竅，一定可以找到適合又滿意的婚禮戰袍！

印象最深刻的服務案例

COVID-19疫情期間受影響的各行各業中，婚禮產業也是其中的重災戶之一。尤其是三級警戒期間，不只是飯店與婚宴會館的宴客餐敍被嚴格控管，甚至連室內外拍攝婚紗都有著重重限制，可想而知連帶著所有的婚禮產業服務鏈（包含婚紗禮服、婚禮造型師到婚禮攝影師等）在銷售上都遇到很大的衝擊。

雖然生意大不如前，創辦人賈永婕小姐卻始終抱持正面積極的態度，不僅沒有大量裁撤員工，甚至號召親友們一起投入捐贈醫療物資、親送愛心便當到各大醫院，種種善舉獲得了「防疫女神」的稱號。隨著疫情慢慢地穩定下來，CH Wedding卻意外地成為了醫護人員的第一首選，很多人婚禮跟主要生活圈都在中南部，連門市都還沒造訪、就決定選擇團隊作為婚紗禮服的服務廠商，讓工作人員們都感到非常意外和驚喜。曾經有一對從事醫業的新人這樣説：「在我們最需要幫助的時候，是賈永婕小姐站出來，開始了愛與良善的正向循環；現在我們倆因為相愛決定結婚了，也希望延續這個愛的力量，讓我們的大日子變得更加有意義！」。

團隊衷心地感謝大家的支持與愛護，萬幸能在這樣風雨飄搖的時代與善良的台灣人民們一同走過，也期盼能共同迎向更璀璨美好的未來。

Happy Note

6

新娘造型

婚禮當天新娘的髮型、化妝與配件

與造型師之間的雙向溝通是關鍵

婚紗禮服是新娘閃亮登場的要素，而妝髮造型則是讓妳變得更加完美的關鍵。

新娘造型多著重在髮型與臉部妝容兩個部分，在台灣通常統一由同一位造型師（或稱新娘秘書）來服務，這樣的過程我們可以統稱為造型或梳化，相關的化妝品、髮品都會由造型師來準備，所以專業的婚禮造型師必須在兩種領域上都是佼佼者。不過請注意，婚禮造型師並不包含剪髮的服務，如果有需要，還是要在婚禮前預約專業的理髮店或沙龍。另外，造型師也會提供一些常用的新娘飾品，像是頭飾、髮簪、耳環、項鍊等來進行整體風格的搭配。最後，如果身體肌膚有露出的部分（像是手臂、脖子等處），造型師會擦上遮瑕膏或水粉，讓新娘整個人看來更加完美無瑕。特別提醒你，如果你身上有刺青需要遮掩，通常會視刺青的面積大小另外酌收費用，請事先向你的造型師詢問相關的遮蓋手法與價格。

挑選適合且專業的造型師，一直都是新娘交流平台上最熱門的話題。相較於婚紗禮服是看得到、摸得到的實體，新娘造型大多是以作品集為篩選的第一關。我建議在看相關作品集時，首先要先避開後製修圖過的照片，原因是使用修圖軟體會將人臉的肌膚過度美化而沒有呈現出真實的妝感。那麼你一定會問：「我怎麼知道這張照片有沒有後製修圖呢？」偷偷告訴你一個小秘密，那就是你可以從網路上公開的婚禮紀錄照片中去挑選造型師，因為通常婚禮當天的照片紀錄是不會經過大幅度後製修圖的，只會微調顏色與構圖（相對來説，婚紗的成品照片就會經過磨皮、調整五官細節等修圖程序）。如果你從參考近照中看到該新娘的妝感與髮型都有打中你的心，趕快去看看照片所在的網頁中有沒有標示造型師的社群；沒有的話，請直接詢問該網頁所屬的婚禮服務廠商，相信他們都會很樂意為你轉介。

透過作品集的篩選，你可能在心中擬定了幾個名單，這時候最重要的程序就是：試妝。不管作品集的照片多麼吸引你，都絕對不要忽略了試妝這個步驟。適合別人的不一定就百分之百適合你，加上人的五官與皮膚都較為私密與敏感，在化妝品和髮品的使用上也要特別仔細小心。試妝也是後續造型溝通上的基礎，如果你哪裡有疑慮，不管多小的問題，都一定要提出來與造型師討論，千萬不要放在心裡不敢説，

等到婚禮那天後悔就來不及了！最後一點提醒你，通常試妝是不包含試髮，單純針對臉妝的部分去做造型，請務必事先與你的造型師確認試妝的相關費用與包含的服務項目。

試妝的過程也可以多加與造型師進行交談，無論是婚禮相關或無關的話題都好，同時也觀察他/她是否專業且好溝通。如同前面提到的，人的五官與皮膚都較為私密與敏感，要找一個願意傾聽你需求的造型師，才能放心讓他/她在你的臉上、頭上「動手腳」。

在婚紗禮服的款式確定下來之後，以試穿的側拍照片為基礎來跟造型師進行溝通，需要購買幾套妝髮造型通常會根據禮服數量做增減。每套婚紗禮服都有其適合搭配的妝髮，可以由造型師來為你推薦；你也可以自己瀏覽一些婚禮相關的社群媒體，搜集喜歡的新娘髮妝圖片回傳給造型師參考。在婚禮籌備期間，如果選定的地點、時間或日期有任何更動，請隨時讓你的造型師知道；若身體上有任何狀況，包含髮質與膚質的變化、體重增減、懷孕等特殊情形，也務必事先告知造型師，才能討論出最好的應對方式。

有一個需要特別提醒你的地方，請事先與你選定的婚禮場地確認是否有固定安排的造型地點，也就是俗稱的新娘房。通常飯店與婚宴會館的每一個宴會廳都有其專屬的新娘房，設備也很齊全；如果是其他的場地類型，可能要另外規劃一個獨立的空間，像是特色餐廳的小包廂或是民宿的某一間客房等。如果不是專門為新娘梳化所設計的空間，需要注意該空間是否具備充足的光源以及是否有連身鏡、插座等可供使用。如果以上的設備都沒有的話，請向你的婚禮團隊尋求協助，另外用租借的方式將必要設備運送到婚禮場地，讓造型師的工作可以順利進行。場地類型除了會影響造型的過程之外，也會影響到髮型與配件的選擇。像是在戶外進行的婚禮，可能要考慮到風勢較大而選擇乾淨優雅的盤髮，而不是浪漫隨性的披髮；若場地的走道較為狹窄，就要考慮捨棄過寬的長頭紗和大裙襬，以避免新娘在進退場時發生危險。

婚禮當天，造型師的服務流程大致如下：首先新娘妝的第一套造型會需要最長的時間，大約是2.5-3小時不等，所以必須以最早的活動流程往前推算3小時作為開妝時間。如果當天需要進行早上的證婚儀式，加上預留的彩排與當日婚紗拍攝時間，可能要清晨6點左右就必須開始化妝。接下來的每套造型更換（包含更換另一套婚紗禮服）的時間大約抓在30-40分鐘即可。一般來說，造型師在造型的空檔會在新娘房稍作休息、用餐，並在完成最後一套妝髮後先行離開；當天所有的活動流程正式結束後，卸妝的部分就由新人自行處理，若有向造型師租借的配飾，可於婚禮後再寄還或當面交還給他/她。

有一個特殊服務叫做全程跟妝，也就是造型師會隨著活動流程跟著新娘到處移動。這樣的好處是隨時有人幫忙注意妝容、髮型與禮服是否完好，如果有突發狀況也有專業的造型師可以協助快速解決。如果平常很會流汗、很愛哭或是在戶外舉行婚禮的新人，我都會建議可以選購這樣的服務，讓你不用擔心自己的造型不夠完美，盡情地享受婚禮。

若你要協助處理家族中其他女性的妝髮，包含婆婆、媽媽、姊妹們，或是你的伴娘們也需要相對應的造型，請務必事先告知你的造型師。為了避免影響活動流程進行，一般來說除了新娘以外，若需要梳化的女性人數超過2名以上，就建議要讓其他的造型師一起來幫忙，才能在表訂的時間內完成。這時候如果你能選擇具有多名成員的造型師團隊，就不用擔心人手不夠的問題。

每個造型師都有其擅長的特殊手法。若你有大小眼或眼睛較為無神的困擾，可以找以調整眼型為強項的造型師；若你特別喜歡繁複的編髮，標榜髮型師出身的新娘秘書應該是你的首選；如果你是有國外血統的混血兒，找一個有服務過秀場與外國模特兒的彩妝師就不會錯。無論你找哪一種專長的婚禮造型師，影響報價的因素包含以下幾點：主要妝髮造型數量、附屬妝髮造型數量（除了新娘以外的其他女性）、造型師服務人數（包含幾位主造型師以及幾位助理造型師）、其他特殊服務（遮蓋刺青、花環製作、指定租借精緻首飾等）。可能需要另外支付的，還有造型師往返婚禮場地的交通與當地住宿費用、提早開妝的加價費用、全程跟妝的加價費用等。

常見Q&A

Q 自己平常就有研究各種造型的習慣，也常被朋友稱讚很會化妝與綁頭髮。有可能在婚禮當天擔任自己的婚禮造型師嗎？

A 基本上不建議！ 有以下幾點必須納入考量。

1. 要在鏡頭底下凸顯好氣色的妝容可沒那麼簡單！ 底妝比起CC霜一罐到底，可能需要混搭不同的粉底液調整膚色，且依據膚質與臉型分層上妝；平常隨便遮幾顆痘痘就可以出門，但在新娘妝裡修容和遮瑕都要非常仔細不得馬虎；眼妝、唇妝的呈現更是要精緻，你可能從來沒使用過的假睫毛和唇線筆都會是造型師打造完美妝容的神器。試過一次新娘妝，看到琳瑯滿目的化妝品與刷具並經過2-3小時的「化妝蛻變」，你就會知道跟平常的上班通勤妝是屬於完全不同的等級！

2. 平常出門綁顆丸子頭或編辮子，對很多女生來說可能小菜一碟，但是新娘的頭髮造型可是一門大學問！ 每個角度看過去頭型都要很完美，感覺兩鬢隨性的小碎髮都可能經過造型師精心設計才露出的。像是交換誓詞、親吻新娘時的側臉或是進場的浪漫牽手背影，攝影師會以360度全視角紀錄新娘的一舉一動，髮型可不能當那個毀了照片的絆腳石！

3. 就算是上述兩點（頭髮與臉部化妝）你都有信心可以完美執行，在當天新娘難免會有很多細碎的小事要處理，同事與好朋友們也會在婚禮開始前陸續到新娘房和你寒暄。若你因為忙於自己做造型而無法好好招呼親友，是不是很可惜呢？ 建議還是將梳化的大任務交給專業的婚禮造型師，你還可以趁空檔閉眼稍作休息，輕輕鬆鬆準備閃亮登場。

Q 聽朋友們説婚禮前要好好保養！ 有什麼好的建議嗎？

A 好的底子加上造型師的神手，能讓你成為最完美的新娘！

1. 頭髮：現代女生因為染燙頻繁，髮質多少都有受損，建議可以進行一個月1-2次的護髮療程，除了照顧髮質之外，也可以保養頭皮、改善頭皮屑問題等。另外，可以與你的造型師討論是否有需要修剪長度或染色，如果要的話請提前預約髮廊。修剪整形的時間可以訂在婚禮前的7-10天左右，不要太早進行以免出現布丁頭（原生髮與染髮的色差），太晚的話又怕對新髮型不滿意卻沒有時間處理，時間請一定要抓的剛剛好。這邊提醒你，建議不要在這時候嘗試新的髮廊或新的染膏，讓熟悉你頭髮的設計師處理是最好的。

2. 皮膚管理：好的膚況也能讓化妝品發揮最大的效益，不會容易脱妝或過敏。建議在婚禮前半年開始進行皮膚管理，現在有很多醫美診所都有推出新娘專用的保養療程，但如果你沒有那麼高的預算，其實認真使用面膜敷臉也是很有幫助的！一樣提醒你，婚前兩週請不要嘗試新的療程或新的面膜、保養品、化妝品等，以免有突發狀況卻來不及在婚禮前處理好。

3. 牙齒美白：千萬別忽略了牙齒這個小細節。平常可能沒有感覺，但是口紅一化上去就顯得牙齒特別黃！ 可以向你的牙醫諮詢專業的門診美白療程，或是到美妝店購買簡單的居家美白齒模組都是可以的。有了漂亮潔白的牙齒，在婚禮中你就可以隨著氣氛盡情地開懷大笑，別忘了笑容是最好的化妝品！

4. 指甲：在婚禮上，雙手遠比你想像中佔有更多的戲份，爸爸的交手、交換戒指到宴會中坐著牽手聽歌，都是攝影師喜歡捕捉的畫面。所以手也需要專屬的化妝品！建議可以配合婚禮的整體視覺設計來搭配指甲的顏色，有預算的新人可以做指甲彩繪，加入一兩個婚禮的小元素在裡頭，若平常不習慣做指甲的新人可以簡單上素色或透明的指甲油即可。如果你的婚鞋是會露出腳趾的，別忘了為腳指甲也一併做成套的設計。

5. 減肥：減肥可能是很多女生一輩子的課題。比起前面提到的許多保養，很多女生在決定辦婚禮之後，第一個就是先想到減肥。但比起瘋狂節食，新娘還是要以運動為主要的減重方法。不只是因為健康的因素，主要是婚紗可能會露出手臂、肩膀、背部等部位，優美的肌肉線條會為整體加分許多；另外，籌備婚禮通常會有半年以上的時間，節食是沒辦法支撐多久的，而運動則可以在堅持一段時間中看出明顯的變化。既然減肥是條漫漫長路，那就選擇能走好走遠的方法吧！

6. 照顧好自己：最後也是最重要的，多喝水、多休息、放寬心！千萬不要為了籌備婚禮過度焦慮而睡不好覺，也不要為了減肥而餓壞肚子。每個新娘都想完美登場，但如果弄出病來，也不會有多好的狀態進行婚禮，甚至還可能影響後半輩子的健康。在能力範圍內，適度地利用籌備婚禮的這段時間調整自己的狀態，不管是身體上或心靈上都要成為最好的自己！

聽聽專家怎麼說

Sui makeup & fashion

Sui makeup & fashion團隊成立於2018年，領軍的造型總監Sui自2006年踏入彩妝界，跨足影視、雜誌、時尚、平面廣告等領域，進修足跡遍佈紐約、倫敦、柏林等歐美時尚重鎮。在不同領域和歐亞風格迥異的洗禮之下，逐漸確立了團隊核心的彩妝哲學：「讓客人們成為更漂亮版本的自己」。全團隊老師累積服務過逾千位新人，重細節、清透自然的妝感、不隨波逐流，是Sui團隊的職人精神。老師們會針對每位不同臉型的新娘做調整，以「修飾缺點、凸顯優點」為宗旨來幫新人量身打造經典耐看的造型。團隊不僅止於化妝服務，更秉持著溫暖陪伴新人的期許，從內在調理到外在保養，成為新娘們在婚前準備的一大靠山，能夠毫無後顧之憂地迎接人生中最重要的一天。

如何挑選適合的新娘造型師／婚前保養品的選擇

在眾多婚禮造型師中，要找到適合自己的造型師靠的不是運氣，而是必須多做功課，認真的新娘最美！以下表列出三個步驟，協助大家一步一步找出自己的命定婚禮造型師：

步驟1、確立自己所喜愛的風格類型

由於每位婚禮造型師最擅長的風格都有所不同(自然氣質、華麗氣勢、時尚濃妝、美式清新、韓系典雅、日系小文青等)，準新娘們可以多搜集喜歡的妝感照片，從中整理出你較偏好的風格，就可以初步縮小搜尋的範圍。

步驟2、參考造型師作品集

當我們將目標縮小，鎖定至某幾位婚禮造型師後，務必要參考該造型師的作品集，多留意照片中新人的妝感與髮型，並且觀察至少「五對」以上不同新人的作品集，確定造型師在各個作品中都有同樣穩定的表現。

步驟3、預約試妝

在時間、環境各方面皆允許下，強力推薦準新娘們可以與婚禮造型師預約時間試妝，畢竟再多的溝通都無法與實際看到的妝容做比較。而在進行試妝的過程中，也須留意與造型師有無良性的雙向溝通。當你提出對於造型的想法或是疑慮時，造型師是否能以他/她的專業知識給你完善的建議，又或是能否以技術滿足你的需求。

以上步驟如都能順利達成，相信他/她就是你的命定婚禮造型師，你也可以放心地在婚禮上成為最美麗的新娘！

「完美妝感，人人有責」，這兩個人分別指的是新人與造型師。除了造型師的神手之外，新人也必須盡力照顧好自己的基本膚況，畢竟再厲害的畫家也無法在斑駁粗糙的畫布上呈現最完美的畫作！準新娘們在開始進行保養前必須先瞭解自己的膚況，像是油肌、乾肌、T字油兩頰乾的混合肌、痘痘肌、敏感肌（酒糟肌膚、異位肌膚等），亦可尋求造型師的專業意見，確認好膚況之後才能進一步挑選出合適的產品。挑選上盡量選擇低敏感性、低香精以及無酒精的產品，以降低肌膚過敏的可能性。

但不論你是何種膚質，都不能忽略肌膚保養的最大關鍵：保濕。絕大部分的肌膚問題都源自於肌膚水份不足，若能做好肌膚保濕的基礎工作，許多狀況則可迎刃而解。最後提醒一下，如果在婚禮前夕肌膚發生特殊狀況，要趕快去找專業的皮膚科醫師做詳細的診斷與治療喔！

印象最深刻的服務案例

有對新人與造型總監Sui一起到日本的北海道進行了數天的海外婚紗拍攝。多日的朝夕相處下，很快地成為無話不談的好友。在結束拍攝工作、回到台灣之後，彼此之間的緣分卻沒有隨著工作完成就結束了。老家離團隊公司不遠的他們，常常在回老家的時候，帶著現採的美味草莓送給造型總監Sui的兒子，新娘也因此有了「草莓姐姐」的綽號。彼此禮尚往來、互送禮物之外，之後的每一個重要時刻，包含新居入厝、孕婦寫真拍攝等都經常相聚一堂敍舊。

還有很多的新人都是從原本服務的客戶，最後變成生活上真正的朋友。造型總監Sui感到很榮幸、也很驕傲能夠陪伴客人在生命中無數個最重要的時刻，相信這不僅僅是單方面的感受，新人們肯定也同樣能感受到這些珍貴而有溫度的回憶。

聽聽專家怎麼說

Light & shine makeup

Light & Shine，一個只為質感而生的彩妝團隊。三位超過15年彩妝造型經驗的主造型師Judy、Alina與Lily，累計服務過千場以上婚禮婚紗及無數場藝人商演雜誌拍攝，來自不同領域，背景、時空，緣份卻把彼此串在一起，共同完成接下來的使命。

欣賞女性獨有的特質，更樂於將此特質提升後而展現出自信。所以希望能夠秉持「有質感不失真」的彩妝精神，整合歐美與韓國等彩妝學院的精髓，最終透過團隊造型師們豐富的時尚秀與婚禮服務經驗，讓服務的每位新娘都能自信光采由內而發！

如何挑選適合的新娘造型師/下訂後雙向溝通流程

第一步「關鍵字搜尋」

依照個人喜好與需求輸入關鍵字搜尋，例如：自然風格新娘化妝/美式風格新娘化妝/短髮新娘造型/質感新娘造型等等。

第二步「大量搜集不同的造型風格作品」

大量搜集婚禮造型師的作品，分類出喜歡和不喜歡的風格，就能逐步整理出自己的喜好，幫助你能夠更快找到偏愛的風格。

第三步「欣賞婚禮造型師的歷史作品集」

經驗豐富的婚禮造型師會有自己明確的風格，作品與作品之間的質感呈現不會有太大差異。仔細欣賞歷年作品，如果大部分都符合自己的喜好，就可以果斷詢問檔期囉！

第四步「確認是否能夠提供清楚完整資訊」

婚禮造型師除了提供專業的妝髮造型服務，讓新人感到安心且彼此信任也相當重要，諮詢的過程要能提供詳盡服務資訊及完整的合約約定事項，未來在婚前與當天的婚禮造型服務上才能給予彼此雙方足夠的保障。

其實挑選適合的新娘造型師，也是在找與自己風格相近、或者說和自己喜好有共鳴的老師們，整個尋找的過程都是在釐清你自己想要的是什麼，不想要什麼。如果想要的很多，那麼也許從不想要的開始做刪去法會是較好的選擇。選擇婚禮團隊就是一種自我品味的彰顯，所以千萬不要單純覺得省錢、省力就好。

在選定適合的婚禮造型師之後，接下來請根據四大方向來整理相關資料，並進一步與你的造型師討論。

一、 喜歡及不喜歡的造型風格圖片

將喜歡及不喜歡的圖片放進不同的資料夾，可以的話在標題或圖片上仔細標註喜歡或不喜歡的部分，讓你的造型師收到資料後可以快速掌握你的喜好。如果不知道要到哪裡搜集資料，除了造型師的過往作品集，也可以在Pinterest、Instagram、Google關鍵字等平台上搜尋。

二、清楚的個人資料

包括膚質與膚況問題、日常保養方式、無濾鏡無調色素顏正/背/兩側照、髮型與髮長以及其他能幫助造型師更了解你的輔佐資料等。資料準備的越齊全，溝通就會越順暢。

三、婚禮禮服試穿照片

在試穿禮服時盡可能拍下各個角度的照片以及禮服的花紋細節，另外也要特別注意拍下的照片顏色是否和實品顏色有落差，有的話也要提前告訴你的造型師。

四、婚禮主題色調、佈置風格、婚禮活動流程

婚禮整體視覺設計的相關資訊在造型風格上也能納入參考，讓新人與婚禮現場的氛圍更一致；另外，在禮服選擇與造型設計時也需要配合婚禮相關流程，這樣一來進行活動時新人才能感到很自在，而不是很彆扭地一直過度在意禮服與造型。

相信每個人都有自己的喜好，除了雙方充分地討論想法之外，小秘訣是保有一些創作空間給婚禮造型師來發揮，讓他/她的巧手在婚禮上驚豔你，也驚艷全場。

印象最深刻的服務案例

這麼多年的婚禮造型師工作中，有一場印象非常深刻。在進場前，新郎對在新娘房現場的所有人說：「能不能請工作人員都先離開一下，

給我們五分鐘時間獨處？」房門還未關全的那一瞬間，造型師Judy看到新郎拉起新娘的手，不知道說了一些甚麼。很是好奇，卻又覺得此刻好像言語都是多餘。

明明是兵荒馬亂的婚禮進場前時刻，賓客們想拍照留影、攝影師想捕捉畫面、小管家想確認流程、招待想確認座位安排、造型師想補妝…….，這麼多這麼多的待辦事項，卻在新郎這一個小小要求後，眾聲喧嘩之際就突然安靜下來。

後來新郎出來之後對著造型師Judy說：「感謝你讓她這麼美，感謝你讓我還認得她。」

還記得當天證婚儀式時，新郎的誓詞有段話：「餘生的愛，都給她。」能夠在愛中工作，讓你所愛的人看著你眼中充滿光采、充滿驚豔，這大概是全世界最幸福的工作。

Happy Note

7

關於新郎

婚禮當天新郎的服飾、配件與鞋子

從經典造型中玩出新意

新郎們，不要總是以為自己只是襯托新娘的配角，這同樣也是你人生中最重要的一天！

相較於婚紗禮服，新郎禮服、也就是俗稱的西裝，在婚禮結束後再穿上的機率是很高的，像是工作上的應酬場合或是親友間的正式聚會都少不了它。因為這樣，比起單次租借，很多新郎會在婚禮前準備訂做一到兩套正式的西裝禮服，並在婚禮當天首次亮相。如果你是第一次訂做西裝禮服，建議可以選擇素色的四件式組合（包含襯衫、背心、外套與其搭配的成套長褲），像是黑色或深藍色都相當實穿；如果你的衣櫃裡已經有好幾件訂製的基本款正裝禮服，可以進一步挑戰亮色系或帶有花紋的布料，打造屬於你獨一無二的新郎裝扮。無論你選擇租借還是訂製，都別忘了髮型、禮服、配件與皮鞋的整體風格是否一致是最重要的，如果可以搭配婚禮整體視覺設計就更完美！

若你選擇從頭訂製一件屬於自己的西裝禮服，外套會是最顯眼的第一

要素，從領口形狀、單排扣還是雙排扣、扣子的數量、顏色與布料，都可以依照你的喜好與需求進行設計；再來是內搭的襯衫、背心與下身搭配的長褲，也會依序做成套設計（婚禮上使用的正式西服較不建議混搭）；當然不用說袖長、脖圍、腰圍、褲長等個人尺寸都會一一仔細量身後再開始製作。如同我們在婚紗禮服章節中所提到的全訂製服務，同樣會有胚衣先讓你試穿，確認大致的感覺與尺寸是否正確，也一樣會經過來回修改、討論與試穿才會產出最終的成品。一件合身的西裝禮服能在簡單的設計中呈現出好質感，也能透過剪裁的神奇魔法將你的身材比例調整到最佳狀態。

不同的季節也有各自適合的西裝款式，像是冬天就很適合帶羊毛料的四件式組合；相對地台灣的夏天相當炎熱，恐怕很難忍受在太陽下全程穿著正裝，可以改為只在襯衫外面套上背心而不加穿外套的方式來呈現，配合戶外婚禮的輕鬆氛圍也不會顯得突兀。

若你覺得之後很少有機會穿到西裝禮服，可以選擇向特定的西服公司租借婚禮當天要使用的服裝，試穿時以該公司現有的款式與尺寸為基礎，包含袖長、脖圍、腰圍、褲長等也都會為你量身後再做修改。建議在婚禮前一至兩個月左右開始預約量身，若有事先安排婚紗拍攝的新人則可以提前開始準備。從外套、背心、襯衫到長褲都有很多顏色與款式，你可以租借不同的商品在證婚儀式與宴客餐敍兩種活動中打造出不一樣的風格；如果對於西裝禮服沒有特別的想法，也可以請服務人員給你搭配上的建議。

如果你決定要向西服公司租借喜歡的西裝禮服，下訂前務必與服務人員確認租借品項與相關規則，包含選定的款式、贈送或加購的配件、租期長短、訂金費用、是否收取押金與其費用、最後量身與取件日期、尾款付費方式、歸還後衣服損壞賠償認定與其費用、押金歸還日期與歸還方式等。有一個特別需要注意的條款，是下訂後是否接受換款以及是否需要另外收費，也就是假設你在下訂時選擇的是A、B兩件西裝禮服，但在籌備婚禮的過程中可能因為地點變更、活動流程增減或單純改變心意而想更換款式為C，這算是很常見的情形，請務必確認清楚換款相關規則並記載於合約中。

另外，西服公司通常也會準備不同的配件供你搭配，像是領帶、領結、口袋巾、袖扣、皮帶與吊帶等，有興趣的話請向服務人員尋求協助，相信他們都會很樂意為你推薦。有些配件可以租借，有些易耗損的商品則會限制只能購買，請事先向服務人員確認，若有需要一併租借的配件，也請務必確認清楚並記載於合約中。

到了約定好的西裝禮服取件時間，除了試穿尺寸是否與你現在的身形相符之外，也要仔細檢查衣服上是否有破洞或污漬，有的話趕快向現場的服務人員提出並請他們處理，也務必拍照處理過後的衣服現況作為紀錄，以免在歸還時發生爭議。

順帶一提，新郎配件是很好運用的小細節，其顏色與圖案可以依照婚禮整體視覺設計來做搭配。像是聖誕節主題婚禮可以搭配蘇格蘭紋或素面紅色的領帶與口袋巾；海洋風婚禮則可以混搭深淺藍色、白色與淺灰色的服裝與配件來迎合主題；甚至你可能沒想過，領結的材質也可以用金屬來呈現！ 如果預算許可的話，建議可以為伴郎們準備同款同色的領結或領帶，搭上白襯衫就可以很簡單地讓整體成員的造型統一而整齊。最後別忘了為自己挑一雙有質感且好走的紳士皮鞋，為你的新郎造型做一個完美的結尾。

常見Q&A

Q 我平常都帶眼鏡，不太習慣戴隱形眼鏡。婚禮上該嘗試嗎？

A 眼鏡也是一個新郎造型配件，看完下面的說明再決定也不遲！

1. 戴眼鏡會給人一種較斯文的感覺，如果平常都習慣自己戴著眼鏡的樣子，在婚禮上也可以維持一貫的造型。但需要特別提醒你，請務必確認平常慣用的眼鏡是否具有抗藍光的功能，如果有的話可能在拍照時容易產生反光，建議可以帶去眼鏡行換上同樣度數但無抗藍光功能的鏡片即可。

2. 如果不想特別換鏡片、也想嘗試新造型的新郎，建議一定要在婚禮前一個月就開始陸續嘗試戴著隱形眼鏡看書、看手機等日常活動，除了確認隱形眼鏡是否能以正確的度數讓你保持看近、看遠都很清楚之外，也讓眼睛有時間適應，才不會有乾澀、流淚不止或疼痛這些現象。千萬不要到婚禮當天才第一次戴上隱形眼鏡，以防有不舒服的情形發生。

3. 無論你是因為婚禮才開始嘗試隱形眼鏡的新手還是常常配戴的老手，都不要忘記多帶幾副備用的隱形眼鏡以及沖洗眼睛用的單包裝生理食鹽水或眼藥水等，以防有突發狀況發生。最好也能將平常在使用的眼鏡裝盒隨身攜帶，如果真的眼睛很不舒服，也不要勉強自己繼續配戴隱形眼鏡，以身體最舒適平和的狀態來享受自己的婚禮。

Q 婚禮上該以什麼樣的髮型搭配我的西裝禮服呢？

A 做自己平常的樣子或者挑戰新髮型都很好！

1. 以側梳油頭來搭配西裝禮服是最經典的新郎造型，十足的紳士典範；有些人也會嘗試全後梳油頭，強調臉部與下巴的線條、展現型男風格。無論你想嘗試哪一種，都一定要跟你慣用的髮型師討論，看看你的臉型適合哪一種油頭，是否要搭配瀏海與準備要預留的頭髮長度等，方便婚禮當天由造型師為你做相關的造型。

2. 以自己平常的髮型來搭配西裝禮服，是我個人最推薦的方式！刺蝟短髮百搭且充滿活力；短捲髮則是多點可愛的感覺；長髮則是可披散可綁起，展現雅痞的氣息。每種髮型都有其特色。婚禮上難免會感到緊張，如果能以最自在的狀態出現也許可以緩解這樣的負面情緒，新人可以自己多加考慮之後再決定。

3. 最後，一定要與你們請的婚禮造型師討論是否有需要修剪長度或染色，如果要的話請提前預約髮廊。修剪整形的時間可以訂在婚禮前的7-10天左右，不要太早進行以免頭髮又長太長不好做造型，太晚的話又怕對新髮型不滿意卻沒有時間處理，時間請一定要抓的剛剛好。這邊提醒你，建議不要在這時候嘗試新的髮廊或新的染膏，讓熟悉你頭髮的設計師處理是最好的。

聽聽專家怎麼說

凡登男仕禮服

凡登男仕禮服自2010年3月創立以來，手工訂製一向是團隊最重視和最自豪的亮點，也是團隊最核心的價值所在。秉持著對手工訂製西服熱愛的精神，以台灣老師傅數十年精湛的設計工藝作為堅強的後盾，輔以採購團隊對時裝趨勢的敏銳度以及對布料品質的嚴格管控，讓每位訂製西裝的客戶能充分享受Bespoke、也就是量身定制的細膩工法；另一方面也期許團隊能夠堅持傳承工藝並引領西服設計的潮流。

穿上凡登全手工訂製西服的同時，能讓每個客人感受到極致手藝的溫度，也能在人生裡重要的時刻襯托出氣宇非凡的氣質。

如何建議不同新人適合的西裝禮服/配件與整體造型搭配

團隊前線服務人員會依照新人們不同的身形、穿搭風格以及期望呈現的效果等因素來推薦不同樣式的西裝禮服。首先最重要的是利用手工訂製西服來彰顯出身形的優點，同步也把缺點校正。新人們可透過現場的專業解說進一步了解版型差異，也可以親手觸摸來感受布料的材質，接著由服務人員精準套量身材後提出建議的搭配方案，最後透過實際試穿來確認是否為夢想中的樣貌。

除了版型剪裁以外，有些意想不到的服裝設計細節也能影響身形呈現，像是西裝外套的釦型（單排釦或雙排釦）對於胸型與腰身的修飾效果就大有不同；另外，服務人員也會依據不同的使用場合來提供適當的細節建議，像是以正規晚宴禮服款式來說，領型上通常會使用絲瓜領並於領口部分採用緞面或絨面布料的拼接設計，相較之下一般的商務西服需求則選擇魚口領居多。許多不同的版型與細節排列組合下，可滿足各種不同的需求，這也是訂製西服的優勢所在。

最後，配件則是西裝禮服的畫龍點睛之筆。根據不同的需求與使用場合，基本款像是正式晚宴西服搭配的手打領結、商務場合適用的沈穩配色領帶或是特殊的鑽領飾、絲巾或口袋巾等，團隊都有提供購買或租借的多樣化選擇，可以向服務人員尋求建議並於門市現場試穿及搭配，將整體西服造型提升層次，更加彰顯衣著品味。

除了上述提到的身形、穿搭風格、期望呈現的效果等因素，團隊服務人員還會對婚禮整體視覺設計與相互映襯的婚紗禮服做全盤性的了解與分析，提供新人在西服搭配上的專業建議和經驗談，最後在現場協助新人挑選出合適的服裝。這樣的過程非常仰賴團隊顧問的造型美感，需要相當的專業能力與豐富的經驗才能順利完成。

印象最深刻的服務案例

記得在品牌創立之初，曾經有一對新人在門市洽談時堅持要求設計師必須到府服務、卻不願意說明原因，雖然當時整個團隊並沒有這樣的相關經驗，但服務人員與設計師商討後覺得可行所以答應了。約定好時間之後，新人也遲遲不願透漏家裡地址，只說了：「麻煩你們先前往某某路與某某路的交叉口。」抵達了指定地點後才繼續提供團隊人員正確位置，最後終於順利地進到了新人家中。

原來新人這樣的要求是希望團隊能到家中協助主婚人、也就是新郎的爸爸量身訂製西服，因為老人家身體不太好，兩年前曾經因為中風而行動不便。也許爸爸現在不如往日行動靈活、意氣風發，但對於新人來說，他還是這場婚禮中不可或缺的要角，因此新人很真切地對我們說：「希望婚禮當天，我爸爸能穿著舒適體面的西裝，以最帥的模樣，在台上為我們主婚。」

其實踏入新人家中，由擺設風格就可推測整個家族相當重視細節與質感的呈現，量身時也赫然發現新人的爸爸是政商界的知名人物，一度讓團隊人員非常戰戰兢兢……，但其實新人始終都只有懷著簡單的想法，那就是希望爸爸能穿著這套專屬西裝，共同參與這人生中最重要的一天。此時團隊人員與設計師被這家人深厚的親情所感動，也希望這樣有溫度的手工訂製西裝能帶給這位偉大的爸爸以及新人滿滿的溫暖與祝福。

聽聽專家怎麼說

沈清賢手工訂製西裝

位於大安路精華地段的「沈清賢手工訂製西服」，創辦人沈清賢師傅是許多精英人士及精品品牌的指定裁縫師與服裝修改顧問。做為多家國際精品集團、台灣百貨業龍頭、海內外國際巨星來台與眾多企業名人的長期配合廠商，沈師傅提供有別於傳統裁縫店的一成不變，做出巨大的市場差異化與精緻的美感。除了剪裁與款式緊跟每季時裝秀場的最新趨勢，沈師傅時常獨步全台，包括近幾年台灣西服產業興起使用「花布西裝內裡」的風潮其實是由沈清賢師傅所引領的；而配合台灣炎熱氣候所製作的「無結構西裝」也大大減輕了在夏日需長期穿著正裝的人們的負擔。

師傅如何建議不同新人挑選適合自己的手工訂製西服款式

選布、量身、試穿、交件，是訂製手工西裝必經的四個階段。每個人外貌身形都不盡相同，就算是同卵雙胞胎也會因後天的生活習慣而導致體型上的差距。儘管「審美」是很主觀的，但一個具有豐富經驗與良好美感的裁縫師傅，在「量身」階段就能一眼看出旁人無法辨識、甚至客戶本身都沒有察覺到的體型特殊之處（如：高低肩、長短手等），接著統整量身時所觀察與記錄的體型結果，最後再與客戶溝通訂製西裝成品會呈現的視覺效果。若體型較為矮小者，建議可以製作魚口領搭配單顆扣的西裝外套來拉長視覺比例，且要避免選擇橫紋或格紋這些非素色的布料；體型較結實壯闊者，則可以選擇合身的單排或雙排扣西裝外套，搭配自然或無墊肩的設計款式；身材較為高挑偏瘦者，則需要避開直條紋的布料，選擇製作深V領口搭配兩粒排扣的西裝外套款式等。

除了體型以外，客戶年紀也是製作西服時必須考慮的因素之一。如果一個30歲出頭的青年男性，卻為他打造過度緊身的西裝，難免會給人一種「不夠專業穩重」的印象；相反的，一位年近50歲的壯年男性，卻為其設計製作了較為寬大的尺寸，也會使人有過於老氣的視覺感受。在打版剪裁線條上的些微差異，都是專屬於裁縫師個人風格的表現，也能充分看出裁縫師對美感、流行性與客戶需求的掌握與平衡程度。

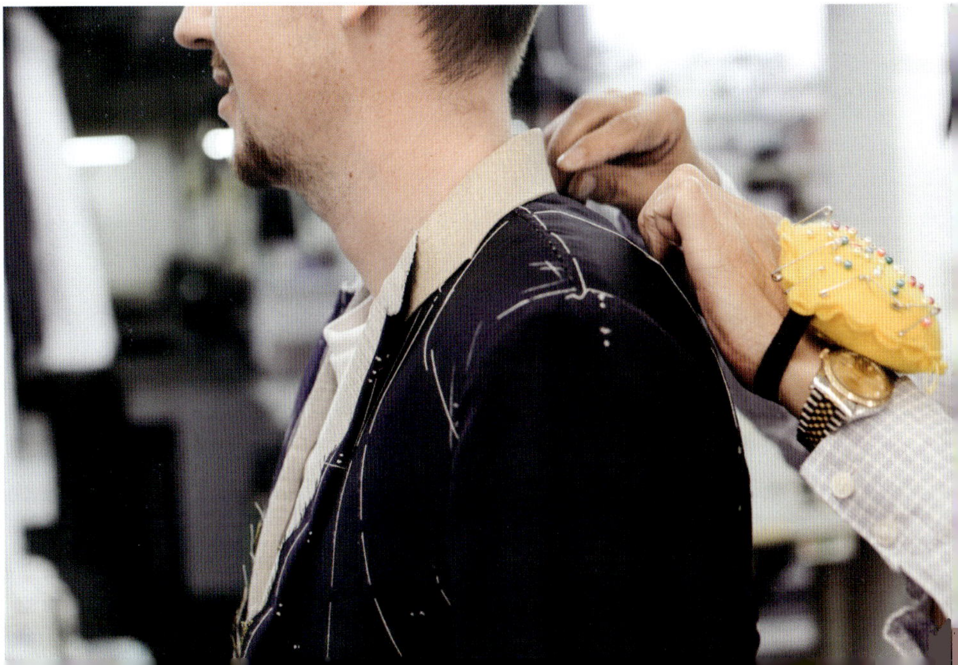

印象最深刻的服務案例

因為著名的物理學家史蒂芬霍金（Stephen William Hawkin）博士，所以相信大家對於俗稱「漸凍人」的肌萎縮性脊髓側索硬化症並不陌生，沈師傅團隊也長年服務著一位有著相同病症的男士顧客。雖然行動不便、無法站立，但愛美之心人皆有之，這位顧客仍舊相當注重穿著，因為病況無法像其他人一樣站著量身，他試過多家裁縫店都不甚滿意，直到遇見了沈師傅。沈師傅在如何為他準確量身與如何製作最合適尺寸的服裝上費了許多心思，因此深受顧客的喜愛與信任，想當然也把婚禮準備要用的西裝交給沈師傅團隊來負責。在試穿時，他對著沈師傅緩緩說道：「沈師傅做的衣服是我穿過最舒服、也是看起來最合身體面的，能夠在人生中的大日子穿著你做的西裝，讓我覺得很安心。」能夠獲得如此大的肯定，沈師傅感到既欣慰又驕傲，相信穿上這套手工訂製西服、充滿自信的他，一定會是最帥氣的新郎倌。

Happy Note

CHEERS AND Beers
NICK

8

婚禮攝影

以相機拍攝婚禮現場並留下影像紀錄

如何從作品中看出攝影師的品質？

攝影師是最忠實的紀錄者，在婚禮服務中扮演了舉足輕重的角色，因為照片與影片能幫助你一再回顧人生中最重要的一天。拍攝照片的攝影師大多被稱為婚禮平面攝影，而拍攝影片的則是被稱為動態攝影或錄影團隊。

台灣的新人大部分在正式的婚禮舉行之前，都會事先安排拍攝婚紗照。有些新人會尋找兩個不同的平面攝影團隊來進行婚紗與婚禮的拍攝，希望獲得多種風格的照片；也有些新人會一條龍到底，這樣與攝影師之間有著足夠的信賴感與熟悉度。在P.103有提到，如果沒有事先安排婚紗拍攝，或者你是遵循西方習俗（新郎不可以在婚禮前看到身穿白紗的新娘，否則會招來厄運）的新人，就可以在婚禮流程中保留較長的一段時間進行當日婚紗拍攝。

你所找的夢幻團隊，包含場地與餐飲、視覺設計（花藝佈置）、主持人、音樂表演者、婚紗禮服、婚禮造型師等服務將會為你打造出夢想中的婚禮，而這一切會在攝影師的鏡頭記錄下顯得更加完美而珍貴，所以在婚禮籌備初期選定一個好的攝影師肯定是一個重大任務。攝影不是表面上看得那麼簡單，除了現場拍攝之外，後製其實需要大量的工作天數，而不是你想像中短短幾個小時拍攝結束就可以交件。此外，每個攝影師都有自己擅長的風格與色調，請不要因為價格考量而強迫他/她修正顏色或構圖來配合你的喜好，這樣工作起來綁手綁腳，照片成果自然也會不如預期。選你所愛，愛你所選！

如何尋找適合且優秀的婚禮平面攝影？ 我的建議是，你必須要看整場婚禮完整的作品，而非少數幾張精選。即便是賓客用手機也能拍出幾張好看的照片，而你需要的是整場婚禮一致性的好品質，才能確保你的大日子被完美地記錄下來。另外，專業攝影師的引導技巧也是很重要的。大部分的新人都不是專業模特兒，面對鏡頭多少會不自在，這時候好的攝影師能讓你在開拍前放鬆心情甚至忽略相機的存在，盡情享受你的婚禮。

最後一點：因為攝影師會一直跟著新人貼身拍攝，所以雙方盡量在簽約前要安排見面，除了跟你要有眼緣且聊得來，也同時觀察對方的溝通能力與臨場反應。譬如婚禮當天他/她可能會與賓客互相卡到位置拍攝，如果現場沒有其他工作人員可以協助疏導，怎麼在不讓賓客感到被冒犯的情況下又能順利完成拍攝任務，就很重要了。而這些都需要大量的拍攝經驗，才能在婚禮現場發揮出來。

相較於婚禮平面攝影，動態攝影的基礎至少需要2-3位攝影師才能有多角度的拍攝視角，拍攝出來的素材也需要經過專業剪輯師的巧手才能將氣氛及畫面完美呈現，所以一個好的動態攝影團隊可能會由多名攝影師與剪輯師所組成。

你可能會有疑問，如何能稱作一隻好的婚禮影片？ 首先要考慮的是婚禮內容捕捉的完整性，指的是重要的流程片段是否都有拍攝完整並剪輯進影片中；再來是影片整體的色調是否一致；最後是流暢度，也就是影片中的音樂是否有搭配畫面、轉場效果是否順暢等。這些都是一隻好的婚禮影片所必須具備的要素，才能吸引人一直看下去。如果你在瀏覽網路上的作品時，總是想快轉且無法耐著性子看完整支婚禮影片，那麼這大概就不會是你想聘請的動態攝影團隊。大多數的婚禮精華影片大約會落在幾分鐘，而全紀錄則以不超過1小時為佳。

光線對婚禮氛圍和當天的攝影成品來說是很重要的一個因素，像是在P.23中有提到的戶外晚宴照明就是一個例子。即便是在室內舉行的婚禮，燈光的明暗程度與顏色也都會影響照片的呈現，所以有時候攝影師會依狀況另外攜帶補光燈並適度調整現場的燈光。如果在籌備婚禮的過程中，選定的地點、時間或日期有任何更動，請隨時讓你的攝影師知道。另外也可以請攝影師針對天氣變化的突發狀況來提供寶貴的建議，像是當日婚紗拍攝若因天候因素而需要更改拍攝地點，就可以請他/她來推薦改到哪裡會比較適合等。

婚禮前一個月左右可以拿著初步確認的婚禮流程與攝影師開會，請他/她就目前的流程給出建議。如果你有特別想拍攝的照片和片段，也請在此時明確地提出來，好讓攝影師提前準備好相關拍攝的時間與地點並寫入最終的流程裡面。另外提醒你，如果當天會有兩家以上不同的攝影團隊，也務必讓他們知道彼此的存在，大家如何在現場有效率地合作與溝通，也是一個重要的環節。

無論是平面還是動態攝影，影響報價的因素包含以下幾點：攝影師拍攝品質、攝影師人數（包含幾位主攝影師以及幾位助理）、拍攝總時數（全部的流程都需要拍攝還是只有部分）、成品規格（只有交付電子檔或是有實體相本、硬碟等）等；可能需要另外支付的還有攝影師往返拍攝場地的交通與當地住宿費用、急件的加價費用等。

常見Q&A

Q 在新娘分享平台上看到最多的就是與婚禮攝影師的糾紛，好擔心……。能給我一些好的建議與提醒嗎？

A 請耐心閱讀合約，有一些容易忽略的小細節幫你整理出來！

1. 請注意：你的婚禮攝影師基本上擁有婚禮照片和影片的版權，如果你不希望他/她在網路上公開相關內容，可能需要支付額外的費用，請務必事先確認清楚。不管結果是什麼，請不要口頭與攝影師達成協議，務必在合約中載明公開與否與最終的價格。

2. 請注意：你的婚禮動態攝影合約中是否允許客戶提出建議來修正影片成品的內容？若可以，修正是否有限制次數？超過幾次需要另外收費？雖然我通常建議新人尊重專業，不過難免剛好挑選到你非常不滿意的照片或影片片段，如果可以適度地在雙方溝通下置換一些片段，就能順利交件，皆大歡喜！

3. 請注意：請在簽約時確認是否由你喜歡的影像作者，也就是你尋找的攝影師本人拍攝？再者，如果遇到不可預期的情況，你原本選定的攝影師不能出席，他/她是否有其他攝影師可以支援拍攝？像是在COVID-19疫情期間，選擇一個有後援的完整攝影團隊格外重要。另外，也請提前確認如果婚禮的相關影像檔案有毀損會如何處理及賠償。不怕一萬，只怕萬一，小心駛得萬年船！

聽聽專家怎麼說

The Stage

The Stage創立於2015年，以傾聽和陪伴新人為初衷，忠實記錄新人的故事。秉持對美感的追求，將人與人之間的情感羈絆與日常互動，融合藝術質感，讓影像雋永並致力創造真善美的攝影體驗。

這個品牌由Daran、Mark、Nick、Otto與Robert五位背景迥異卻共同懷抱攝影熱忱的攝影師所創立。秉持熱情、關懷、誠信的實踐，成為The Stage的品牌精神。此外，團隊作品時常榮獲美國的主流婚禮媒體肯定，成為登上美國婚禮媒體次數最多的台灣團隊。

如何選定適合新人的攝影師/拍攝前建議

選擇攝影師是每一對新人都非常關心的問題，列出以下兩點供大家參考：

（一）眞正了解自己的需求及想要的照片風格

從網路蒐集婚禮照片、進行篩選並確定自己喜歡的是什麼樣的照片，這是非常重要的第一步驟。現在各家攝影風格百花齊放，最重要的是新人自身的喜好，並不是明星或名人選擇的婚禮攝影師就一定是最適合你的。另外，特別提醒你，婚紗攝影跟婚禮攝影其實可以看成兩個不同的婚禮服務項目，也許你會需要選擇不同的攝影師來各自進行拍攝。在婚禮攝影師的選擇上，建議觀看整場完整作品集且多看幾場，這樣才能真實展現攝影師的臨場經驗。最後也別忘了參考網路上的評價與業界風評，確保想選擇的攝影師在這個婚禮界也是新人與同業都信賴的攝影師。此外，一份正式的服務合約也是必須的，如果該攝影團隊有門市或你的專屬溝通窗口，那就更有保障了。

（二）找尋樂於且擅於溝通的攝影師

攝影服務不僅止於拍攝，攝影師的個人特質與婚禮現場的應對進退等也都是影響服務品質的因素之一。因此在諮詢攝影服務時可以多與團隊專屬溝通窗口或攝影師聊聊，也許會更容易找到跟你合拍的攝影人選。現在通訊軟體非常普及，如果時間上不允許到現場，利用視訊與攝影師多聊上幾句也是很好的。最後，建議婚禮前一個月左右要跟攝影師進行開會溝通（線上或面對面都可以），充分地表達你對婚禮的想法、特別希望拍攝的畫面等，攝影師才能掌握更多婚禮的資訊並進一步給予引導與建議。

印象最深刻的拍攝案例

旅行過許多國家，這對新人他們並不打算舉辦傳統的婚禮，而是想到一個可能一生只會去一次、令人永生難忘的國度舉辦私奔婚禮。新人、攝影師Daran與當地的保育員一起搭著小型導覽車，沿途欣賞非洲大草原上的動物與美景，最後選定在一望無際的草原中舉辦私奔婚禮。證婚人就是這位當地保育員，雖然每個人都是初次見面，卻像至親好友一般互相舉杯、獻上給彼此的祝福。

還記得當時新娘曾詢問攝影師Daran：「我們該面向哪一邊拍攝起來會比較好看呢？」看著茫茫草原，感受此刻腳下南非的土地，並看著新郎對新娘寵溺的眼神，攝影師Daran回答：「這是你們的婚禮，別管攝影了，你們從半個地球遠道而來，好好享受屬於你們的時刻吧！」

婚禮是為自己辦的，而不是給別人看的，這是這場私奔婚禮與瘋狂旅行中教會我們的事。

Stellenrust

聽聽專家怎麼說

BLUSH FILM

BLUSH FILM創立於2015年，影像作品總是給人充滿溫暖的印象。總監Aaron，從新郎轉變成為一位婚禮攝影師，所以每次拍攝時都會從新人的角度出發來細細捕捉每個美麗畫面。

婚禮動態攝影就像是新人的眼睛，透過記錄當天的影像讓新人將來能充分回味婚禮當天的每一個感動時刻。BLUSH FILM用心拍攝每一隻婚禮影片，把每一對新人的故事用最合適的方式呈現在他們的婚禮影片中，不斷創新與嘗試各種新的拍攝手法，藉由自我挑戰在婚禮動態攝影上更上一層樓。

為什麼動態攝影需要那麼多攝影師/如何拍出一隻高品質的婚禮影片

首先要跟大家說明，不是攝影師越多就保證會有越厲害的影片，真正動人的影片是由新人與攝影團隊共同創造的。那為什麼不建議只由一位攝影師來單獨拍攝呢？因為婚禮現場有時有像切洋蔥般止不住的淚水，有時伴隨著爽朗的笑聲，更會有專屬於你們的愛情體會和獨特故事，這些都是可能在婚禮上同一時間發生的重要片段，所以在婚禮當下至少需要三位以上的攝影師來捕捉不同的角度與攝影畫面，才能將人生中最重要的一天完整記錄下來。另外，近來很流行Same Day Edit（SDE，快剪快播），這也是需要多位攝影師一同協作才能完成的攝影服務。因為不是每個賓客都有辦法完整參與到所有的婚禮活動流程，像是證婚儀式可能只邀請至親好友，又或者在迎賓區幫忙的親友沒能看到新人的第一次進場等，而快剪快播攝影服務就是讓當下錯過的親友們能透過由攝影團隊當場快速剪輯出的婚禮影片來重溫婚禮上那些難忘的時刻。

總監Aaron的座右銘：「用心地拍，心意就會讓新人看到。」因此在每一場婚禮前，他都會親自與新人面對面討論，除了深入了解婚禮的每個重要流程之外，也讓新人充分感受到攝影師的熱情與友善。他認為拍攝婚禮時，很重要的一點是要用新人的角度來思考。大至婚禮現場每個參與者、細微至新人準備的物品（像是鑽戒、婚鞋等），每一次的婚禮其實都是截然不同而無法套公式的，每對新人有著不同的故事、不同的心情，只要攝影師與新人都能在拍攝與被拍攝時懷抱著對這場婚禮的期待，自然就能產出好的婚禮影片。

印象最深刻的服務案例

在Covid-19疫情期間，長居美國的新人決定將婚禮辦在班夫國家公園Fairmont Chateau Lake Louise，並邀請團隊前往加拿大進行拍攝。那時加拿大雖宣佈開放邊境，但限制入境的旅客仍需打滿三劑疫苗並滿14天才符合免隔離的條件；同時間台灣尚未全面開放民眾施打第三劑疫苗，加上必須配合團隊抵達加拿大的日期再往回推14天，所有拍攝團隊成員非常戰戰競兢、加緊腳步安排好施打疫苗的日期，深怕晚個一天就無法在指定的時間入境而影響到新人的拍攝時程，所幸最後團隊全員都順利完成任務。

在加拿大拍攝期間，歷經艷陽、大雨還有下雪等天氣變化；也看到壯麗的冰川、山河和湖景等特殊地形，令人心曠神怡。新人也為了讓最心愛的家人（狗狗Maru）能夠一同參與這人生中最重要的一天，捨棄飛機而選擇從西雅圖一路開車到加拿大，而Maru也成了影像紀錄中最亮眼的存在。在這場婚禮中，團隊與新人之間不像是僱傭關係，而是像好夥伴般為了美好的回憶一起努力克服重重難關，為人生留下珍貴而難忘的記錄。

Happy Note

9

關鍵倒數

在婚禮的最後階段做好充足的準備

開心迎接人生最重要的一天！

終於越來越靠近夢想的那一天。想必你的心情一定混雜了期待、焦躁不安、緊張、興奮等各種感覺，這是很正常的。不管你多早開始籌備這場婚禮，總有那麼幾件事是不到最後一刻無法定案的，像是最終賓客出席人數、詳細流程、廠商待付款項等。別擔心，在接下來的關鍵倒數章節中，我會詳列出最終待辦事項的清單，讓你可以細細檢查並打勾確認；另外，我也準備了一段小篇幅來幫助你緩解焦慮，安心地迎接你的大日子！

待辦事項清單使用方式

（一）**婚禮舉行的前一個月提前與各個服務廠商確認後，勾選第一欄。**

（二）**婚禮前三天再次確認後勾選第二欄。**

	✔	✔	待辦事項
場地與餐飲			最終出席賓客總人數
			最終座位安排總表
			指定素食賓客人數
			自備酒水數量與額外費用
			場地開始使用時間
			場地復原交還時間
			尾款確切金額與付款方式
整體視覺設計			捧胸花另外約定抵達時間
			最終佈置項目確認
			當天或提前佈置進場時間
			當天佈置完成交場時間
			當天佈置撤場時間
			尾款確切金額與付款方式

	✔	✔	待辦事項
婚禮流程與音樂			彩排時間與相關活動確認
			最終流程表確認
			婚禮活動道具與禮物確認
			指定演奏/播放歌曲確認
			當天工作人員抵達時間
			當天相關設備最早可供使用時間
			當天相關設備結束使用時間
			當天工作人員離場時間
			尾款確切金額與付款方式
婚紗禮服			預約最終量身日期與時間
			領取婚紗禮服日期
			尾款確切金額與付款方式
			歸還婚紗禮服日期
			退還押金確切金額與日期
新娘造型			新娘與其他妝髮造型總數
			開妝地點確認
			造型師提供或自備配件確認
			梳化預留時間與流程確認
			當天造型師抵達時間
			當天移動地點的交通方式
			當天造型師離開時間
			尾款確切金額與付款方式
			歸還配件日期

	✔	✔	待辦事項
關於新郎			預約最終量身日期與時間
			領取新郎西裝禮服日期
			尾款確切金額與付款方式
			歸還新郎西裝禮服日期
			退還押金確切金額與日期
婚禮攝影			最終服務內容與成品規格確認
			最終流程表確認
			開拍地點確認
			當天工作人員抵達時間
			當天移動地點的交通方式
			當天結束攝影服務時間
			尾款確切金額與付款方式
其他			工作人員餐點數量確認
			親友協助工作確認

自備物品清單使用方式

（一）婚禮前一天前往住宿飯店前——將物品打包並確認勾選第一欄

（二）當天準備前往婚禮場地前——將物品打包並再次確認勾選第二欄

✔	✔	自備物品
		新娘婚紗禮服______套
		新娘配件（頭紗、拖尾、披肩、蝴蝶結等）
		新娘飾品（頭飾、髮簪、耳環、項鍊等）
		新娘高跟鞋（出發前確認鞋底與鞋跟狀況）
		新娘平底鞋（婚禮結束後換用）
		新娘輕便服裝（婚禮結束後換用）
		新郎西裝禮服______套
		新郎配件（領結、領帶、手錶、眼鏡等）
		新郎皮鞋（出發前上油並確認鞋底狀況）
		交換用信物：戒指與戒盒
		誓詞卡片
		喜餅與其他伴手禮
		喜帖（供拍照或其他證明使用）
		婚紗放大照、婚紗相本、婚紗照小卡
		其他佈置私物
		結婚書約（若證婚儀式時有安排使用）
		活動道具與獎品
		婚禮當天所有廠商的負責窗口與聯繫方式清單
		需以現金支付的廠商尾款（建議裝紅包袋）
		位上禮*
		迎賓簽名道具*
		禮金簿、簽字筆、備用紅包袋、回禮謝卡*
		送客喜糖*
		星號*項目可能由場地廠商提供，請事先確認

緩解焦慮

因為籌備婚禮而產生的焦慮感是很常見的，你可能發現自己變得容易生氣、因為小事情而煩躁不安或過度擔憂，情緒變得相當不穩定。這是因為在短時間內承受過大的壓力所導致的，這個壓力可能來自於你對於完美婚禮的追求，通常這樣的負面情緒會在婚禮活動結束之後就跟著煙消雲散。

壓力可以是正向的，督促著你更有效率地籌備婚禮；但過度的壓力反而會讓你的思考變得緩慢，甚至身體出現不舒服的警訊，像是頭暈、耳鳴、胃食道逆流、失眠等症狀。但是我必須誠實地說，人生中最重要的一天，可想而知會有多少事情在等著你做決定！當所有的待辦事項都朝著新人排山倒海而來，即便是平時個性再怎麼穩重的人也很難避免產生「壓力山大」的情形。

也許很難控制待辦事項的多寡與其帶來的壓力強度，但透過簡單的放鬆訓練可以轉移你的注意力並緩解焦慮，進而避免產生身體不適的症狀。規律的運動也能達到前述的解壓效果，同時還可以改善體態，如果時間允許的話，可以進行333有氧運動法（每週至少3次、每次至少30分鐘且在運動後心跳速率達到每分鐘130次以上）；有餘力的新人則可以挑戰提升為「533」，每週運動五次或每週總計達150分鐘以上的運動量更好。但在這裡特別提醒你，可千萬別為了婚禮而過度節食和運動，那可是會帶來更大的壓力，適得其反！接下來我會提到兩個在臨床醫學上常見的放鬆訓練，每次只需要短短的5-10分鐘且隨時隨地都可以進行，是我會特別推薦給新人的解壓小秘方。

第一個是腹式呼吸訓練。操作順序如下：

- 找一個地方坐下或躺下，將手放在腹部。

- 用鼻子吸氣並默數4秒，此時手要感受腹部是鼓起的。

- 閉氣1秒。

- 接著用口吐氣。吐氣時也同樣默數4秒，此時腹部凹下。

- 一次循環約花費10秒，在5-10分鐘內連續做數個循環。

第二個則是漸進式肌肉放鬆訓練。操作順序如下：

- 先做肌肉拉緊的動作、再做放鬆的動作，去感受由緊到鬆的變化過程，再盡量持續保持這種放鬆的感覺。

- 拉緊的動作持續約10-15秒，放鬆的動作則持續約60秒。

- 身體的許多部位都可以運用。像是手部可以透過用力握拳、用力聳肩等動作來練習；另外縮小腹、雙腿前伸或腳掌上揚等都是坐在辦公室或家裡沙發上也能輕易練習的動作。

- 拉緊的動作只是輔助步驟，最重要的是去體會肌肉鬆弛的感受，並盡量維持放鬆的狀態。

- 最後熟練時，你就不再需要經過拉緊的動作，也可以自主保持放鬆的肌肉狀態，跟著整個身體與心情也會放鬆下來。

都學會了嗎？趕快把這頁摺角起來，當你在籌備婚禮期間意識到自己現在處於心煩意亂的狀態，試著進行上述的放鬆訓練，相信一定會對你有所幫助的。

婚禮當天

終於來到了夢想中的這一天。無論是經歷愛情長跑還是熱戀期閃婚的情侶，從這一刻起你們將會是彼此人生中最重要的另一半。在美麗的鮮花拱門底下說出我願意，跟親朋好友們一起舉杯慶祝並享受美食，隨著浪漫的音樂搖擺並緊緊相擁…….，這些瞬間都會成為一輩子珍藏的回憶。

別忘了你是今天的主角，盡情地享受屬於自己的婚禮是最重要的任務（也是唯一的！），千萬不要因為一些瑣碎的雜事影響了心情。在婚禮前選擇專業的服務廠商，做好萬全的準備，當天就交給信任的親友與工作人員來處理一切，相信他們會為你做出最好的判斷。另外，我也要提醒你不要一直伸手去撥弄你的頭髮、禮服或過度在意鏡頭而頻頻望向攝影師的相機，你和你的另一半只要全心投入婚禮的每一個精彩活動，照片和影片出來的效果就會是最好、最吸引人的。

在籌備婚禮的這條路上，你可能遇到了許多難以抉擇的時刻，但一定也在很多貴人、服務廠商與親友的幫助之下順利渡過了重重難關。在婚禮結束後，你可以沈澱一下心情，給這段時間曾經給予協助的人捎去一封短訊或一張小卡片，以文字來表達你最深的感謝；同時也給你的另一半來個大大的擁抱，謝謝這段時間來彼此支持、彼此包容並共同完成了這夢想中的婚禮；最後的最後，來個比證婚儀式時更熱烈、更深情地一吻，慶祝屬於你們的璀璨未來即將展開！ 新婚愉快！

Happy Note

致謝與授權

致謝

孕育一本西式婚禮的工具書，想之有年，卻始終缺乏臨門一腳。突如其來的COVID-19疫情，打亂了全世界每個人的腳步，卻讓我有了許久不曾有過的大段空閒時光，得以完成這本《西式婚禮在台灣》。

感謝上天給予我持續撰寫的堅持與勇氣；感謝暖暖書屋給予此書得以出版的機會；感謝此書照片中的新人們願意與大眾分享他們的美好婚禮；感謝婚禮同業（以下按照本書出現章節依序列出：典華幸福機構、Brick Yard 33 1/3美軍俱樂部、外燴王時尚法式外燴、男孩看見野玫瑰花藝訂製、木蕾絲甜點工作坊、DCT Wedding拾夢西式婚禮團隊、瑪莎計畫婚禮顧問、賀本音樂設計、唯諾法式婚紗禮服、CH Wedding、Sui makeup & fashion、Light & Shine Makeup、凡登男仕禮服、沈清賢手工訂製西裝、The Stage美式婚禮婚紗攝影團隊、Blush Film臉紅紅影像）給予豐富的專業意見；感謝我的家人們給予我無限的支持。最後想特別感謝我的老公，他不僅是我終生仰慕的前輩，總是適度地提點我的不足，讓我能即時改正，也是在他最大限度的愛與包容之下，我才得以順利完成每一個人生目標。

本書獻給找到真愛的每一對新人，願你/妳也能像我一樣，無論是在婚禮這個關卡，或是未來的每一個挑戰，都能在另一半給予的愛中無所不能，盡情地展翅高飛。

照片版權

The Stage 美式婚禮婚紗攝影團隊

封面，P.5, 6-7, 12, 13, 14右, 15, 17, 18, 19, 20, 21, 23, 25, 27, 33, 35上&右 下, 37, 38, 39, 41左, 45, 48, 49, 50, 52, 53, 54, 55, 56,,62-63, 65, 66下, 67, 69下, 71, 72, 73上, 74 左, 75左上, 76, 77, 79左, 80, 82右, 93, 96-97,104下, 105, 106下, 107, 109左下, 110, 111, 112, 114, 115, 116, 118上, 119, 121左, 122, 123, 124下,125,126右上,127左上,128,130,131,132,136,137,138,139,141, 143, 146-147, 148, 149, 150, 151, 152, 154, 159,164,165, 168-169, 171, 173, 174, 178, 181, 185, 188-189, 190, 192, 194, 195, 200, 201, 208-209, 211, 212, 214, 216, 217, 218, 224-225, 232, 236-237

黑雨婚禮影像 BlackRain Photography

P.8-9, 16, 44,59,69上, 70, 78下, 88, 109上, 113, 120, 124上

WenYu 溫魚 · Photography

P.11, 14左, 22, 34, 35左下, 40, 42, 66上, 73下, 74右, 75右上, 79右, 81, 82左, 94, 100-101,103, 104上, 106上, 108, 109右下, 117, 118下, 126左上與下, 127右上與下, 191, 202, 203, 204, 205

Raphael Chen Studio 拉斐爾影像

P.41右, 68, 75下, 78上, 121右

Peter Chao Photography

P.89, 91

Life Vision Studio

P.30-31

Whitefever Studio 白色狂熱

P.161

Kvision 海外婚禮婚紗拍攝團隊

P.220, 221

特別感謝

想樂工作室　Mangochiufloral　DXC Creative Studio 窩設計

九灰花藝　　漿果花藝

OH MY DEER- 關於鮮花和植物的大小事